潮汐 CHEERS

与最聪明的人共同进化

HERE COMES EVERYBODY

戈特曼"亲密关系"系列

爱的沟通

THE MAN'S GUIDE TO WOMEN

[美] 约翰·戈特曼 (John Gottman)
朱莉·施瓦茨·戈特曼 (Julie Schwartz Gottman)
杜格拉·阿伯哈 (Douglas Abrams)
蕾切尔·阿伯哈 (Rachel Abrams)　著

冷爱 (Sheng Pan)　译

浙江科学技术出版社

对于爱和忠诚，你到底了解多少？

扫码激活这本书
获取你的专属福利

扫码获取全部测试题及答案，
一起了解如何让爱保鲜

- 如果一开始双方不来电，那么将永远都不会来电。这是对的吗？（　）

  A. 对

  B. 错

- 从进化角度看，女人在寻找伴侣时最看重什么？（　）

  A. 颜值

  B. 身材

  C. 银行存款

  D. 伴侣是否值得信任

- 爱情发展为一种认真承诺的长期关系需要经过三个阶段，它们是（　）

  A. 建立信任期、迷恋期、建立忠诚期

  B. 迷恋期、建立信任期、建立忠诚期

  C. 迷恋期、建立忠诚期、建立信任期

  D. 建立忠诚期、建立信任期、迷恋期

扫描左侧二维码查看本书更多测试题

JOHN GOTTMAN

约翰·戈特曼

"婚姻教皇"
与罗杰斯、荣格齐名的心理学家

专注 50 余年
"爱情实验室"与"婚姻教皇"

　　美国知名畅销书作家马尔科姆·格拉德威尔曾在自己的一本著作中写道："他是一位个子不高的男士，长着猫头鹰般敏锐的眼睛，头发花白，胡须修得整整齐齐。他魅力超凡，总能与人相谈甚欢，每当谈到让他兴奋的话题时，他的眼睛便闪闪发亮，更加炯炯有神。他的身上仍带有 20 世纪 60 年代嬉皮士的范儿，比如他那顶偶尔扣在犹太编织圆帽上的红军帽。"

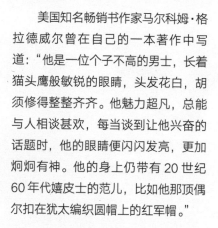

　　马尔科姆笔下的这个人便是全球人际关系领域公认的殿堂级人物——约翰·戈特曼。从 20 世纪 70 年代至今，戈特曼对人际关系、婚姻关系及家庭关系进行了长达 50 余年的跟踪研究。1992 年，戈特曼与其妻子主持的爱情实验室公布了堪称史上最大规模的家庭关系研究结论，在这项涉及近 3 000 个美国家庭、700 对新婚夫妇的纵向研究中，戈特曼可以在 5 分钟内判断一对夫妇未来一年内的婚姻状况，准确率高达 91%。

　　爱情实验室的门槛被蜂拥而至的媒体踏平，《早安美国》《今日秀》《CBS 早间新闻》《奥普拉脱口秀》《纽约时报》《人物》《今日心理》《西雅图时报》等争相报道戈特曼的神奇预言。有媒体甚至因戈特曼拯救了万千陷入危机的家庭而称其为"婚姻教皇"。戈特曼的著作《幸福的婚姻》更是畅销 20 余年，长期盘踞同类图书榜首，横扫全球 22 个国家，被《哈佛商业评论》誉为沟通经典之作。

用数据说话

大数据时代的亲密关系真相

戈特曼在 50 余年的研究生涯中始终致力于将人与人之间的关系与行为数据化，并通过建立数学模型来预测人的行为。其研究成果中的诸多数据广为流传，甚至已经成为共识，比如，婚姻稳定的夫妻释放的积极信号和消极信号比是 5∶1，最终离婚的夫妻释放的积极信号和消极信号比则是 0.8∶1；婚姻中有 69% 的冲突永远无法解决；67% 的新手父母都对彼此非常不满；等等。通过对这些数据的分析和应用，戈特曼得以不断完善其独特的婚姻治疗方法，从而帮助伴侣消除感情障碍，改善相处模式，巩固亲密关系。

如今，戈特曼针对情侣、父母、单身人士、心理咨询从业者，已打造出一套科学而完备的亲密关系经营方法，为这些处于不同身份、不同人生阶段的人揭示了建立、经营与修复亲密关系的黄金法则。他在《爱的沟通》中给单身人士打造了一份科学恋爱攻略，又经《幸福的婚姻》提供了一份经久不衰的婚姻经营宝典，他在《爱的冲突》中鲜明地提出了让亲密关系走向成熟的磨合法则，又通过《幸福婚姻的 10 大敌人》提供了一份及时的婚姻抢救实战方案，他以《爱的博弈》指导伴侣修复信任，又以《当婚姻中有了孩子》为有孩子的伴侣送去一份爱情保温指南，他用《培养高情商的孩子》教会父母让孩子受益一生的情商训练法，又用《人的七张面孔》向所有人揭示了打造良好人际关系的秘诀……他毫无保留地将"戈特曼方法"传入千家万户，深刻地改变了两代人的婚恋观。

与罗杰斯、荣格齐名的心理治疗大师

无论在婚姻、亲子领域，还是在商业、职场中，戈特曼带给人际关系研究的变革都是划时代的。深耕人际关系领域50多年来，他建构的人际关系模型是目前心理学领域少有的可预测性数理模型，他的研究已使超过38个国家的数百万对夫妇和数万名临床医生直接受益，也已帮助无数面临人际和沟通问题的职场中人打破困局，达到人生的新高度。他极具科学性的研究让人耳目一新，也让人与人之间的沟通回归真挚且更加有效。

2007年，美国具有相当权威性的刊物《美国心理治疗网络》及《美国心理学家》杂志同时评出20世纪最后25年间，美国心理治疗师眼中10位最具影响力的心理治疗大师，戈特曼赫然在列，与卡尔·罗杰斯、卡尔·荣格共享殊荣。

戈特曼同时收获了美国家庭治疗领域的所有专业大奖。4次荣获美国国家心理健康研究所科学研究者奖章，并获美国婚姻与家庭治疗协会杰出科学研究者奖章、美国家庭治疗学会杰出贡献奖、美国心理学会家庭心理学分会会长奖章。

作者相关演讲洽谈，请联系
BD@cheerspublishing.com

更多相关资讯，请关注

湛庐文化微信订阅号

湛庐CHEERS 特别制作

戈特曼 "亲密关系"系列	《爱的沟通》 《幸福的婚姻（全新升级版）》 《爱的冲突》 《幸福婚姻的10大敌人》	《爱的博弈》 《当婚姻中有了孩子》 《培养高情商的孩子》 《人的七张面孔》

是什么让我们在一起

约翰·戈特曼
朱莉·施瓦茨·戈特曼

戈特曼"亲密关系"系列终于跟中国读者见面了，我和妻子朱莉·施瓦茨·戈特曼（Julie Schwartz Gottman）对此倍感欣喜。借此机会，我们要向所有的中国读者表达最诚挚的问候。

中国是一个伟大的国家，也是世界文明发展的引领者。只要是受过教育的人，没有谁不会对中国的灿烂文化、艺术、科学以及对世界的贡献赞叹不已。如今，中国在世界和平发展以及全人类的繁荣等方面起着领导作用。我们对此感到由衷的钦佩，并真诚地祝愿所有中国人幸福、长寿。

我们衷心地希望，世界上所有人都能认识到，人类是一个大家庭，有许多共同点，我们也正因如此才能如亲人般紧密相连。尽管不同国家或地区的人分歧和矛盾不断，然而冥冥之中，始终有一股强大的力量把人类紧密地联结在一起，这种力量就是爱。对爱的渴望是人类的共同追求。人们期待矢志不渝、一生一世的爱。人们期望通过爱建立家庭，共同追寻生活的意义，共同为养育健康、蓬勃而可爱的下一代努力。希望所有人能共享这样的爱。爱是把所有人联结到一个伟大的人类大家庭中的纽带，是凝聚万物的力量。我们愿意和所有人一起，为这种爱欢呼。

我们一直致力于通过客观的科学方法，从亲密关系中的"成功者"和"失败者"身上学习关于爱的知识。在这个过程中，我们有幸认识了数以千计的伴侣，他们自愿加入我们的科学研究和临床治疗工作中，令我们十分感动。与此同时，我们和同事罗伯特·利文森（Robert Levenson）博士一起，以非常高的准确率预测了美国伴侣亲密关系的未来发展状况。至今，我们对此依然感到非常惊讶。在过去的 30 多年里，我们将这种预测性的理论知识转化为改善亲密关系的实践方法，并在全球许多国家进行了系统性实证研究，以测试这些方法的效果。我们发现，这些方法也适用于美国以外的其他国家或地区的伴侣，对此，我们同样感到非常惊讶。当然，在一开始，我们还未对这些方法同样适用于中国人有十足的信心，好在结果证明，它们也为成千上万个中国人带来了幸福，我们备受鼓舞，也十分欣慰。现在，戈特曼"亲密关系"系列出版了，希望它能继续为中国读者的幸福旅程助力。

当今世界，各国仍存在着较大的政治和文化分歧，以及我们不愿意看到的两极分化，这使一些国家或地区的人们日益疏远甚至形同陌路。那么，我们能做什么呢？从现在开始，一起从科学中学习坚韧而持久的爱吧。只有爱能让我们求同存异，并意识到彼此是真正的兄弟姐妹。同样，在寻找人生伴侣的过程中，我们将看到，拥堵的冲突之路可以轻而易举地变成辽阔的相爱之路。**在戈特曼"亲密关系"系列中，我们希望每个人都会看到，在我们对爱人日常的愤怒和失望中，其实蕴藏着欲望、梦想，也蕴藏着可以将冲突转变为亲密联结的蓝图。**我们首先要做的，就是学习如何把冲突转化为联结。也许在这个小小的星球上，无论身处何地，学会深爱他人都是我们通往共情、慈悲和爱的必由之路。

了解另一半，做好你自己

冷　爱

国家二级心理咨询师

广东省心理咨询师协会副会长

数字健康产业连续创业者兼投资人

对于正在打开这本书的你，我是羡慕的。因为我没有你这样幸运，也许你只是花了一瞬间就选择了它，而我却花了近 10 年的时间去苦苦追寻才找到它。

10 年，差不多正是我从事两性情感咨询与婚恋关系咨询的时间。我粗略统计了一下，从 2010 年 7 月 17 日第一次做百人情感讲座，到 2017 年 7 月 17 日完成个人第 59 期工作坊，线上与线下，我直接接触过的男性学员已过万人，我所就职与服务的 App 与论坛上也拥有过百万的男性注册用户。不夸张地说，我比绝大多数人更加了解中国男人在情感上遇到的真实困境。

对于深陷情感沼泽的男人们来说，女性世界神秘莫测，令人迷失。这些迷茫的男性中有的人价值观扭曲，谈恋爱像做生意；有的人习惯于物化女性、性别意识错位；有的人有莫名的优越感；有的人无法与他人正常互动；有的人则是思想上的"巨婴"。总之，寻求帮助的男人们有着各种各样的情感困惑与苦恼，也有不同的故事与结局。其中有一个故事，促使我真正地想要去寻找两性情感纠缠的深层次答案。

那是一次在北京的工作坊活动，来了一个看起来很文弱的男生。他毕业于我国最好的大学之一，后来又在另外一所著名大学任教。他说，从小他就崇拜两位英雄：一个是王阳明，另一个是岳飞。这两位英雄人物一文一武，伴随着他成长。前者让他学会了很多道理，后者激励他不断强身健体。可是，一直到三十多岁，他还没有找到合适的女朋友，每一段恋爱关系都草草结束。有一天，他忽然想明白了，不管是王阳明还是岳飞，没有一个英雄告诉他，女人要的究竟是什么。于是他开始在网上寻找答案，找到了我。

可惜，当时的我只能告诉他表面的答案。我知道一个男人该穿什么、该说什么、该做什么，这似乎就是在回答女人要的是什么。可我自己知道，我还没有找到这个问题真正的痛点。我知道女人买一双鞋需要花很长的时间，但是我不知道为什么女人买一双鞋要花这么长时间。老实说，那时，我并不懂女人。

为了寻找答案，从 2013 年开始，我陆续接触了以约翰·戈特曼博士为代表的婚姻家庭治疗大师们的理论。我才发现，原来在数十年前，欧美的大师们早已用科学的方法来研究两性关系，并且开创了一系列婚姻家庭治疗方法，如约翰·戈特曼博士开创的幸福婚姻七法则、元情绪与情绪协调理论、大数据分析两性关系方法等。我惊喜地发现，我要的答案，找到了！

这次翻译约翰·戈特曼博士的最新著作《爱的沟通》，让我对这位被世人尊称为"婚姻教皇"的著名心理学家的两性关系与婚恋知识有了更深入的认识与学习，我有幸成为中国最早接触到这本书、学习到其中知识的人之一。在这本书中，戈特曼博士延续了其对两性关系、婚恋生活一贯的敏感性和敏锐的发现力。他告诉男人们：女人有什么问题不重要，最重要的是，男人出了什么问题。

戈特曼博士认为，在女人这件事上，男人要么是 hero，要么是 zero。在我看来，hero 不能简单直译为"英雄"，从两性关系角度来说，它代表了"成功者""聪明男人"，更准确地说，中国女性心理想的 hero，应该是一个"好男人"；zero 也并非表明这个男人一无是处，从两性关系角度来说，它代表着"失败者"，对中国女性来说，更代表着女性心中那个不靠谱的"笨男人"。事实上，天底下完美的"好男人"难觅，无可救药的"笨男人"也不多，大多数男性读者可能还没有达到一个好男人的水平，但也绝非一无是处的"笨男人"。而在拥有亲密关系的女性心中，自己的另一半一定可以变成更好的另一半。

如果你曾跟我一样迷惑，为什么女人买一双鞋要花这么长时间，那么，答案就在你的手上，看这本书你就能知道答案。这是一本全方位的两性婚恋关系指南，书中不仅系统剖析了女性独特的思维，还从相识到相知、相守进行了全流程的操作详解。这亦是一本坦诚而科学地谈论深度性话题的作品，可以让你搞清楚，神秘而模糊的性究竟是怎么回事。

这本书不仅能帮助男人搞懂女人，亦能让女人了解自我。

感谢湛庐编辑们对我的信任，感谢陈俊雄、陈瑜之、于海成、江凝等各位老师及伙伴的协助。希望这本书的出版，可以帮助每一个在两性关系中迷茫的人。

爱情实验室的秘密

曾经有一种恶毒的流言，宣称男人从来不买书。

如果你是一名男性，并且你买了或者借阅了这本书，那么恭喜你！你已经摆脱了针对男性的传统刻板印象，成了"先驱者"。这本书将帮助你成为所有女人都梦寐以求的男人。如果是你的女朋友或者妻子给你买了这本书，并且悄悄放在你的床头，那也没关系。虽然你没有自己付钱，但是只要你阅读了这本书，你就可以从中获益。

如果你是一名女性读者，我们很高兴你愿意花时间来阅读这本书。我们大概可以猜测到你的动机。可能你想看看这本书是否够水准，是否适合推荐给你生命中那些重要的男性，如你的男性伴侣、兄弟、男性朋友、儿子、邻居，甚至是你的雄性宠物。不过很抱歉，我们恐怕无法帮助你的宠物，不过我们可以保证这本书的水准。虽然这本书是写给男人的，但是这本书其实也有两名优秀的女性临床心理学家参与合著。请相信，她们已经为你做了预先审查。

　　我们也想替你生命中的男性发声。这本书将告诉你他们的一个小秘密：对于大部分男性来说，女性的世界实在是太神秘莫测、难以捉摸了！他们常常迷失于对女性想法的揣测中，却羞于寻求帮助来找到正确的方向。我们这么说可没有丝毫批判的意思。男人也会很爽快地承认这一点：女人就是非常捉摸不定啊！男性读者，我们说得对不对？男人竭尽全力想要知道如何爱一个女人，如何让你开心，如何确保自己是你的一生所爱。他不想和你吵架。他想要享受与你在一起的时光。他想要了解你的大脑究竟是如何运作的，还有究竟什么事情会让你心跳加速，以及他还想知道你到底希望他成为怎样的男人。所以，女性读者们，你们大可以放心地阅读这本书。读完之后，请你把这本书送给那个你生命中的男人，你可以将它放在遥控器下面或者藏在工具箱里面，你甚至也可以鼓励他自己去书店买一本。

　　男性读者们，我们知道女人的一些小秘密，而且我们正准备在这本书里分享给你。这本书的内容通俗易懂、易于操作，而且还有一些有趣的图片和漫画。毕竟，一图胜千言，况且，谁不喜爱卡通漫画呢？

　　男性读者们，请相信，你们绝对有能力开展一段关系或结束一段关系。研究表明，男人在一段关系中的表现是影响一段关系好坏的重要因素。这并不意味着女人们可以高枕无忧，只不过数据表明，男性的所作所为是决定一段关系成功或者失败的关键因素。但可笑的是，大部分关于情感关系的书都是写给女性读者的。这就好像是我们完成了一场绝妙的心脏手术，结果却开错了刀，弄错了病人。

　　男人们，请你们不要再抱怨女人，不要再抱怨你们完全不了解女人，不了解她们的所思所想、所作所为。你的所作所为才是最重要的。这个世界的酒吧椅子上坐满了孤独的男人，他们只会守着那些不好笑的烂段子，抱怨着女人们到底出了什么问题。我们不希望你也被同样的"厄运"困扰。我们不会告诉你女人有什么问题，我们要解释清楚男人出了什么问题。在女人这件事上，男人要么是个成功者，要么是个失败者。换言之，你要么是个好男人，要么是个笨男人，而我们清楚地知道你想成为哪一种人。

　　各位读者请当心，这可不是一本教你如何泡妞的肤浅书籍。市面上这样的书简直太多了。这些书籍大部分都是基于一些骗人的把戏，并不能帮助你获得一段长期的、充实的、有意义的关系。这本书当然可以帮助你取悦女人，但更重要的是，这本书可以帮助你建立一段长期的、成功的关系。

所有的研究都表明，处于长期、健康、快乐关系中的男人，在金钱和性生活上都更为享受和成功。你知道吗？研究表明，已婚男性比单身男性享有更多和更高质量的性爱。已婚男性的预期寿命也更长，慢性疾病的发病率更低，老年后认知功能退化的速度也较慢。总而言之，如果你只想和一个女人有短暂的关系，你大可以跳过本书的某些章节，而且你依然可以了解关于浪漫和美好性爱的一切。但是如果你想要和这个女人发展稳定的长期关系，并避免老无所依，那就请你阅读本书的所有章节，你将学会如何理解一个女人的全部心灵和精神，并学会如何终生守护她。

也许男人常常想，要是女人身上有一个开关，只要一按下去，就可以完全了解并掌控她的一切就好了。可惜这样的开关并不存在。女人是复杂的，而且每个女人都是不同的。这也是每个女人都有其独特的迷人之处的原因。这本书将会帮助你解开一切有关女人的困惑。请相信我们，我们知道什么对女人最重要，我们也知道女人最想要的男人是什么样的。我们保证，看完这本书，你将会掌握开启一段美好关系的全部密码。

我们是如何知道通关密码的

约翰·戈特曼博士是美国著名的心理学家，致力于研究婚姻家庭和伴侣关系。他在预测夫妻是否会离婚方面具有极为丰富的研究经验，且准确率高达 94%。

戈特曼博士致力于心理学学术方面的研究，而他的妻子朱莉·施瓦茨·戈特曼则从事临床心理治疗工作。他们夫妻二人长期研究婚姻家庭和伴侣关系，并共同致力于在全球范围内推广加强伴侣关系的技巧。本书的另外两名作者也是国际知名的畅销书作家。蕾切尔本人是一名医师，她不仅善于运用临床经验帮助男男女女们治愈身体，更能够帮助他们疗愈心灵。

虽然戈特曼博士现在是全球知名的婚姻关系专家，可是在遇到妻子朱莉之前，他也曾经历过多次灾难性的伴侣关系。可以这样说，他个人的亲密关系史充满了失败。

虽然戈特曼博士并非天生就掌握女人的秘密，但是他依然找到了自己完美的终身伴侣。戈特曼博士步入婚姻已经 30 多年了。他究竟是怎么做到的呢？

我们需要重申的是，戈特曼博士并非天生的爱情关系大师。他所掌握的关于女人的一切，都来自艰苦学习与长达 40 年的研究。

本书的所有内容和故事都来自对真实场景下的真实亲密关系的研究，这些真实的亲密关系有好有坏。本书的很多研究成果，对于临床来说也是非常有创新性的。过去，临床心理学家们出版过许多关于亲密关系的书籍。可是他们的研究对象几乎都是存在问题的伴侣，他们没有见过好的亲密伴侣，所以只能凭借幻想来描述真正美好的亲密关系是什么样的。他们也不知道，在美好的亲密关系中，男性究竟是如何对待他们的伴侣的。

他们不知道，因为他们没有爱情实验室。

但是我们有。

爱情实验室

在美国西雅图的华盛顿大学，有一个小型的公寓式实验室。媒体把这个实验室称为"爱情实验室"。在这里，戈特曼博士和朱莉运用多种先进的手段来观察和研究亲密关系。戈特曼博士会使用录像设备，录下那些至少分开8小时的伴侣在分开以后会如何交流和争吵，如何谈论愉快的话题，以及如何在这个狭小的实验室里度过一整天。当伴侣们互动交流甚至发生冲突的时候，戈特曼博士会测量他们的心跳、血压、呼吸和流汗情况，还会观察他们是否会在座位上不安地扭动。伴侣们的一切都会被录像设备记录下来。随后，戈特曼博士会将这些录像播放给实验对象观看，让他们解释录像中自己的感受和情绪。有时，戈特曼博士也会反复播放同一段录像，要求实验对象猜测他们伴侣的感受和情绪。

戈特曼博士会逐帧分析这些录像，分析实验对象们的面部表情、语音语调、措辞和动作姿势，不仅会分析如兴趣、喜爱、幽默和理解这样的积极情绪，还会分析如失望、受伤、愤怒和悲伤这样的消极情绪。他也会记录下实验对象的一切互动模式，包括批评、蔑视、防御和冷战。

随后，戈特曼博士会深入访问每对伴侣，了解他们的亲密关系史和个人的亲密关系理念。他也会单独采访每个人，了解他们的个人情绪史，了解他们如何面对愤怒、悲伤和恐惧等不同情绪。

　　戈特曼教授在爱情实验室里做了许多长期性的、跟踪式的研究。在评估完每对伴侣之后，他会在 1 至 3 年后再回访。戈特曼夫妇已经追踪这些伴侣长达 20 年的时间。在这 20 年里，这些伴侣共同经历了人生各个重要的发展阶段。有些伴侣在初次接受访问时还非常年轻，因而戈特曼夫妇见证了他们从新婚燕尔到为人父母，再到慢慢衰老的全过程。另外一些伴侣初次接受访问时已近中年，戈特曼夫妇则见证了他们从中年到年老退休的整个过程。一些实验对象现在已经快 90 岁了。

　　在爱情实验室里，戈特曼夫妇见证了有着各式各样亲密关系的幸福伴侣。同时，他们也见证了许多不快乐的伴侣，这些伴侣要么分手了，要么依然痛苦地纠缠在一起。有些伴侣需要非常紧密的相互依赖关系，而有些伴侣则想要更加独立的相处模式。有些伴侣总是吵架，而有些伴侣则会彻底避免冲突。

　　戈特曼夫妇持续研究了 40 年，观察了超过 3 000 对伴侣。他们观察的都是真实伴侣在真实生活场景中的互动。这些宝贵的数据告诉了戈特曼夫妇关于亲密关系的一切。这些数据也揭示了在亲密关系中，女人究竟想要什么。简言之，这些数据就是爱情实验室里最大的秘密。这也是每个男人都需要掌握的秘密。这些秘密会帮助你成为有魅力的男人。

　　男人们，现在请你们卷起袖子，好好读一读这本书吧！从这本书里，你会了解到：女人想要什么，如何给女人提供她们想要的东西，以及如何才能让女人一生快乐、幸福，并感到被爱。在这本书里，我们将向你展示许多关于女人的秘密，这些秘密可以让你了解：如何吸引女人，如何与女人约会，如何获得美好的性爱，如何与你的伴侣白头偕老。我们会将女人的身体、心灵化成一张简单易懂的地图。了解这一切最好的开始，就是告诉你们，女人最想从男人那里得到什么。

目　录

🔑 好男人备忘录
如果你这样做，你就是笨男人

第六部分　共度一生

🔑 好男人备忘录

如果你这样做，你就是笨男人

🔑 好男人备忘录

如果你这样做，你就是笨男人

THE
MAN'S
GUIDE
TO

第一部分

读懂女人

WOMEN

所有女人都是独一无二又与众不同的，
但她们远没有你想象的那么复杂。

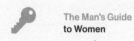

The Man's Guide
to Women

01

女人究竟要什么
理解女人心

有一个史上最伟大的问题，却从来没有人能够给出答案。尽管我研究女性心理已经 30 年了，但我依然无法回答这个问题：女人究竟要什么？

——西蒙·弗洛伊德

想要理解女人就好像想要闻出数字"9"的颜色一样。

——威尔·法瑞尔（Will Ferrell）

史蒂芬·霍金是一位传奇的天体物理学家，他能够解释宇宙中最复杂的奥妙。而在一次访问中，当他被问及他思考最多的问题是什么时，霍金承认说："女人！女人才是真正的未解之谜。"对我们来说，他的答案一点儿也不出乎意料。

　　如果霍金、弗洛伊德和法瑞尔都无法理解女人，那普通男人该怎么办呢？他们一位是当今最幽默的喜剧演员，而另两位则是最伟大的科学家。普通男人该如何才能解答"女人"这一最令人费解的难题呢？要解开这一谜题，男人们需要知道的第一件事就是：所有的女人都是独一无二的。没错，每一个女人都与众不同。所以，男人的终极目标不是成为这个世界上最伟大的情人、男朋友或者丈夫，而是成为伴侣心目中最伟大的情人、男朋友或者丈夫。当你伴侣的需求与爱情实验室的数据相矛盾时，请听取你伴侣的意见。她的需求才是最重要的。不过，我们的研究揭示了所有女性在工作、娱乐、幻想和爱情方面的共性特征，因此这本书将帮助你加速了解女人。我们希望与男人们分享这些小秘密。另外，要想解开这一谜题，你需要明白的第二件事是：女人远没有你想象的那么复杂。

© Clipartof.com

想象你要到国外去旅行，这本书就是你的旅行指南，它会告诉你关于这个国家的一切。和女人交往就像去国外旅行，你需要做充分的准备：阅读旅行指南，打包合适的行李，学习当地的语言，尽可能多地了解当地的文化习俗和历史传统。除此以外，你还需了解当地的法律：在当地什么是犯罪，犯罪后会遭到何种惩罚。没有人想要在异国他乡被判刑入狱。现在你要去的是女人的国度，你肯定同样不希望如此。

让女人心动的法宝：信任

当女人在寻找伴侣时，她们看中的第一件事是什么？6 块腹肌？6 位数的银行存款？高大帅气的白马王子？都不是。她们觉得最重要的是信任。没错，信任。在你即将自诩为一个值得信任的伴侣并想要放下这本书前，请三思。是否值得信任不仅与你是不是一个花花公子、是否处在一段长期关系中无关，而且与你是否有过不忠行为也无关。虽然这些对于是否值得信任来说也很重要，但是仅有这些还远远不够。

在男女交往过程中，能让女人觉得你值得信任的行为如下：言出必行、表里如一，能够依靠、有责任感，并且能够如实地展示你自己。当然，在外表上，你还是要打扮得清爽整洁。为什么信任如此重要？为什么信任是让每个女人心动的法宝？从进化史的角度看，男性伴侣是否值得信任其实决定了女人和她的孩子能否安全健康地成长。这并不是什么陈腐过时的观念。在孩子的健康成长过程中，父亲始终扮演着重要的角色。在父亲缺位的情况下，孩子生活贫困的可能性增加了 4 倍，在学校表现不佳的可能性增加了 2 倍，出现情绪问题、行为问题、滥用毒品问题、犯罪问题或自杀问题的可能性增加了 1 倍。[1] 在这点上，值得信任的男人确实可以带来明显的不同。既然值得信任的男人对于女人和孩子的意义重大，那么也难怪女人需要寻找值得她们信任的男性了。

听到这里，男人或许会有这样的想法：“等一等，我们只是刚刚认识而已。”或者：“我只是想要约会而已，有必要考虑这么多事情吗？”当然有必要，因为了解女人深层次的进化需求，既可以帮你赢得女人的一夜芳心，又可以帮你赢得女人的一生。男人们，请你牢牢记住，即使女人自己都没有意识到，但她实际上无时无刻不在问自己：“他安全吗？当我有困难的时候，他会立即出现帮助我吗？他可以依赖吗？他值得信任吗？”女人觉得消防员很性感，这可不是因为他们有小胡子，而是因为消防员能让女人觉得很有安全感。他们是优秀的男人，而你也可以做到。

小时候，可能你的祖母就曾告诉你要关心和保护女孩子。你要替女孩子开门，为她拉开椅子，让她走在人行道的内侧以避开车辆。现在看来，所有这些象征性的举动实际上都非常重要。这些都意味着你关心她并且愿意保护她。男人通过约会守时和信守诺言来告诉女人：“我是一个值得信任的人。”对这种骑士精神，人们要么趋之若鹜，要么厌恶至极。实际上，这种骑士精神是你在向女人发出这样的信号：“我很值得信任。”不过你要牢记，值得信任不仅意味着保护女人的身体或者她们的孩子，而且还意味着保护她们的心灵。

女人常见的两种抱怨

在爱情实验室里，我们发现了女人对男人最常见的两种抱怨。第一种抱怨是："当我有困难或者有需要的时候，他从来不能及时帮助我。"第二种抱怨是："我们之间还不够亲密，没有建立足够的联结。"即使这些女人处在一段关系中，她们也会觉得非常孤独。与此相关的还有很多其他抱怨。如果在一个女人有需要的时候，男人无法给她提供帮助和支持，那么她就无法信任这个男人。大部分时候，这种帮助和支持是情感上的。女人希望男人能够倾听、理解并保护她们的心灵。

与此相反，男人对女人也有两种最常见的抱怨："我们争吵太多，做爱太少。"这听起来是不是很熟悉？男人在一段情感关系中也会感到孤独。我们发现，男人同样希望更多的亲密关系。但是他们只有在少吵架、多做爱的情况下才会感受到亲密。

从表面上看，男女的抱怨不尽相同。实际上，这些抱怨是相互关联的，并且可以通过一个简单的技巧加以解决。这个技巧叫作情绪协调。当男人和女人的情绪相协调时，双方的争吵就会减少，有质量的性生活就会更加频繁，双方也都不会再感到孤独。情绪协调也可以帮助双方建立真正的情感联结，提高双方之间的信任水平。这样，女人对男人的第一要求，即值得信任，就被满足了。总而言之，情绪协调是个了不起的技巧。

在爱情实验室里，我们询问男女双方，当他们感到悲伤、愤怒或有情绪需要的时候，他们是否可以向自己的伴侣倾诉。我们发现，许多伴侣之间之所以会有争吵，是因为男人都倾向于消除情绪，而非协调情绪。如果男人试图修复女人的情绪、分散她们的注意力，或试图弱化女人的情绪、嘲笑甚至忽视她们的话，那么男人在做的就是消除情绪。学习一些简单和基本的情绪协调技巧可以显著地改善两性关系。这些技巧也可以帮助改善男人的工作关系、亲子关系以及其他人际关系。我们发现，那些掌握了情绪协调技巧的男人最终会得到他们想要的，即更少的争吵和更多的性生活。

情绪协调为信任热身

为什么情绪协调技巧对改善伴侣关系有帮助？女人希望在自己有需要的时候，男人可以给予支持。女人需要男人始终对她们感兴趣，并且能够照顾她们。女人需要感受到男人对自己的尊重，希望男人能倾听自己的需求，并且在彼此之间建立真正的情感联结。你可能觉得这一切不过是陈词滥调、胡说八道。在你这么想之前，让我们先来看一个逻辑公式：

女人最看重的特质是值得信任，

信任是通过情感上的联结建立的，

情感上的联结是通过情绪协调达到的；

因此，情绪协调意味着信任。

所以现在的问题是，我们上哪儿去买一罐情绪协调的灵药？很遗憾，你买不到。但是你可以自己学到。情绪协调不是造火箭，它并不复杂。情绪协调可以用一组首字母缩略词来表示：A-TT-U-N-E。

关注（attend）。当女人需要男人的时候，请给予她们绝对的注意力。这就意味着当女人想要和你谈话时，请关掉你的游戏、放下你的手机，用行动展现出你很关心她。你要在乎她说的话，即使对你来说，她说的都是一些微不足道的事情。因为这对她非常重要，并且这意味着双方在建立情感联结。如果你在约会，请把你全部的注意力放在眼前的这个女人身上。不要四处张望，不要打量别的女人，更不要一边吃饭一边给你的好兄弟发微信。注意力代表你的感情。注意力是你表达爱的方式。

转向（turn toward）。这里说的转向，并不是我们在打比方，也不是什么流行的词汇。我们要你将身体转向你的伴侣，因为在女人心目中，亲密意味着四目相对。来自新泽西州罗格斯大学（Rutgers University）的生物人类学家海伦·费希尔（Helen Fisher）认为："在男人心目中，亲密意味着肩并肩的工作或者玩耍。这种亲密方式也许可以追溯到史前时期。想象一下，我们的男性祖先躲藏在灌木丛后，悄悄地注视着远处，准备猎捕一头水牛。虽然他们共同面对敌人，但只是肩并肩而非面对面地战斗。"[2] 所以男人要牢记，除非你和你的女人准备一起猎捕水牛，否则当你和她说话的时候请你面向她。

理解（understand）。不管女人说了什么，男人要做的永远是理解。如何理解？请多多提问题。如果女人向你抱怨她的好友，你不要急着为她提供一个解决方案，不要试图分散她的注意力，不要开玩笑，不要认为你可以解决这个问题，更不要试图弱化这个问题的影响。你要询问她此时此刻的感受以及这件事对她的意义。这不仅代表你可以理解她，更说明你对她的生活有真诚的兴趣，并且你也在竭尽全力去理解那些对她来说重要的东西。当她向你抱怨她的母亲或者老板，甚至生你气的时候，请始终牢记，你的首要任务就是理解。

非防御性倾听（nondefensively listen）。如果你能够做到前面几点，即倾注你的注意力、将你的身体转向她、充分理解她，那么你就已经初步掌握了非防御性倾听的技巧。当女人批评你时，恰当地使用非防御性倾听的技巧尤为重要。不要对她的话语做出反应。没有人喜欢被批评，这会让人感到正在被攻击。但值得注意的是，如果你和她争执、辩解，她更会批评你。不要打断她的谈话。不要忘记，你的任何感受对她而言都是真实的。不管你是否同意她的观点和行为，在那一刻，她的感受都是真实的。你只需要认真倾听她的感受。为什么你有两只耳朵，却只有一张嘴巴？那是因为你花多长时间表达意见，就要多花两倍的时间来倾听。聪明的男人都会遵循这些规则。我们在爱情实验室里的观察也证明了倾听十分重要。只有那些能够抑制自己的愤怒且不会有过激反应的男人，才能获得更加美好的伴侣关系。

共情（empathize）。如果你是《星际迷航》的粉丝，那么请你把共情想象成瓦肯人的心灵融合①。如果你认为你已经完全掌握了"理解"这一技巧，那么请你再确认一下。理解是理智上的追求，而共情是情感上的追

---

① 在《星际迷航》中，瓦肯人是具有心电感应能力的种族，通常以心灵融合的方式进行。心灵融合会使两个人心灵相通，互相分享对方的意识。——编者注

求。不管这种感受是否符合瓦肯人的逻辑，你都要试着去感受女人的感受。试着从她的表达中寻找线索。怎么做？你可以直接问她感觉如何。你如果能这样问，那你真是个天才。你也可以观察她的身体语言。她是否环抱双臂？抑或是呼吸急促？她的脸是不是红了？这些都意味着她很恼火。你要让她知道你重视她的感受。无论她有何种情绪都是合理的。我们并不打算从脑科学的角度深入解释这样做的原理。简单来说，当一个人感受到自己与他人联结，而非孤身一人的时候，她大脑中负责情绪处理的部分就会镇静下来。因此，重点不在于她究竟是对是错，而是你要展现出共情和怜悯的能力。

你可能会觉得这样做，她就会骑到你头上来。然而事实并非如此。你这样做只是在和她协调情绪。情绪协调并不意味着你要同意她说的每一件事，你要做的只是聆听她的心声，并告诉她，你理解她。我们保证，只有你先这样做了，之后在解决问题时才会变得更容易。如此，你就会得到更多的性爱和更少的争吵。她会感受到你带给她的安全感，感受到自己被关注和倾听。她也就不会对你生气，进而更有兴趣和你一起解决问题。如此一来，双方都会获得更多相处的乐趣。

情绪协调是一种技巧。既然是技巧，那么你只有多多练习才会熟能生巧。你不仅可以在你的伴侣身上练习，更可以在你的母亲、你的兄弟、你的老板，甚至你的狗身上练习。这个简单的技巧可以显著地改善你和你生命中所有女性的互动，也会改变约会和性生活的节奏。大部分男人都会花费时间来给女人留下深刻印象。他们不停地说话，不停地夸耀自己，但这最终只会让女人兴趣全无，因为这完全不是女人想要的。简单点说，倾听比诉说更加性感，提问比夸夸其谈更有魅力。展现出你对她的真诚的兴趣，要比展现你本人很有趣来得更加重要。

　　如果你想要和一个女人走到最后，那么你就需要让她真正地了解你，要让她从你这里获得安全感。情感安全和情感联结一样，可以通过情绪协调的技巧建立。当她试图吸引你的注意力时，她正在向你表达情感上的需要。如果你回应了她的需要，她就可以从你这里获得情感安全，并且可以增加对你的信任。如果你不让她抒发情绪，甚至还忽视她，或者当她烦恼时在情感上无法和她共鸣，那么她在情感上便无法得到保障，因而她和你相处也不会有安全感。

　　除了情感上的安全，女人也需要生理上的安全。每个人在幼儿园的时候都学过不要打人。实际上，除了身体遭到攻击，有一些不太明显的相处方式也会让女人在生理上感到不安全。男人通常比女人高大，他们的声音也更加浑厚响亮。如果你用你的声音或者个头来强调你自己，或者恐吓她，即使你不是有意的，女人也会感到不安。这样，她就无法彻底信任你。尽管你可以全天候地在情感上与之共鸣，但只要你用蛮力主导你的行为，你就永远无法建立起信任，也永远不可能成为一个好男人。

不要等到结婚后才变得靠谱

　　或许你并没有处在一段长期关系中，又或许你根本不想要一段长期关系。但无论如何，信任都是很重要的因素。即使你只是处在短暂的约会中，只要你想要良好地相处，那么信任都是必需的。

对于女人而言，产生性欲也意味着变得更加脆弱。没有什么比恐惧更能够打消女人的性欲了。我们并不是说你会真的打她，虽然有的人在约会时确实会使用暴力，但我们说的是你在情绪上伤害她。这种恐惧会让她和你在一起的时候没有安全感。这是女性最基本的生物特征，我们会在后续章节中更多地讨论恐惧及女性大脑的功能。所以当她知道你会撒谎、为人虚伪、无法依靠、忽视她的感受，甚至只是在派对上举止不当时，她都会对你失去"性趣"。没有男人想要这样的结果。

男人想要什么

我们已经通过研究发现了男人想要什么，即更少的争吵和更多的性爱。更宽泛地说，男人需要感到被渴望、被需要。男人希望女人崇拜他，并接受他本来的样子。这并不是什么秘密，而你也知道这一切。你希望得到你的女人的肯定。事实上，你希望得到全世界女人的肯定。让我们先来帮你搞定你身边的女人，然后你再去想征服全世界的女人吧！

男人也希望减少冲突。男人不希望女人因为他而不开心，当女人不开心的时候，男人希望解决问题。男人觉得有义务对女人的感受负责，这是很多男人的做法，但显然是大错特错的。

女人有很多强烈的情绪，男人也有。不过男人更擅长掩饰这些情绪。当女人产生强烈情绪的时候，男人希望立即介入并且解决这些情绪。老实说，有时候女人的情绪之强烈足以把男人吓傻。没有什么比女人毫无缘由的眼泪、不讲逻辑的争辩，以及长达两小时的谈心更能把一个男人吓到失控了。男人希望立即找到问题的根源，但显然这不是女人处理问题的方式。

戈特曼博士曾经在一次伴侣治疗中观察到这样一种互动模式。一名男性咨询者表示，每次只要他的妻子一走进房间，他就会浑身紧张，然后开始偷偷观察他的妻子，看看她是否正在生气。这名咨询者希望戈特曼博士判断一下他的妻子是否有精神疾病。与此相反，他的妻子却说，每次只要自己一走进房间，丈夫就好像蝙蝠侠启动了蝙蝠车，会立即进入全副武装的防御模式。她完全无法同自己的丈夫亲近。妻子抱怨丈夫从来不听他说话，而丈夫则抱怨自己一直在听妻子抱怨。

当戈特曼博士观察这对伴侣时，他发现丈夫在对待妻子的情绪问题时非常没有耐心。丈夫时常表现出一种不耐烦，仿佛在说："现在究竟又要怎样？"而且丈夫总是表现得很急躁。当丈夫倾听妻子的抱怨时，他觉得自己应当改变妻子的消极情绪，引导她变得更加积极、乐观。丈夫觉得让妻子开心是自己的一项重要职责。如果妻子不开心，他就有义务解决这个问题，让她变得开心。丈夫的解决方案就是，告诉妻子如果自己处在同样的状况下会如何应对。听起来很有道理吧？大错特错。

在这个案例里，丈夫总是喋喋不休地说一些陈词滥调："如果生活给你发了一手烂牌，那么你就打好这一手牌。"这样的心灵鸡汤对妻子毫无帮助。相反，妻子会认为，丈夫觉得她如此痛苦是十分愚蠢的，因此她会为自己如此情绪化感到很羞愧。

男人还可以做些什么呢？如何才能帮助自己的妻子呢？如何才能让妻子相信自己的丈夫是可以信任的呢？我们需要再次回到情绪协调上来。情绪协调才是唯一的办法。男人需要充分地表达对妻子的关注；他需要将身体转向妻子；他需要理解妻子；他也需要非防御性倾听；他需要能够共情。他不需要去解决问题，不需要理性思考，不需要对问题做理论研究，也不需要试图解决妻子的情绪问题。即使她主动表示情绪问题已经导致了"精神问题"，他也不需要去解决。他只需要知道，女人这时候只是不想太孤独。

了解这些可以让男人极大地放松下来。因为只有这样，男人才知道自己其实没有承受那么大的压力。了解这些的回报也是巨大的。当你和女人协调情绪时，女人会感到安全。当女人感到安全时，整个世界都是你的，并能任你遨游。你的生活会变得美好，性生活也会美好起来，你们的关系也会变得令人愉悦。

如果你和一个女人有了亲密关系，那么你将会看到她的所有情绪，当然还有你的所有情绪。这些未经处理的情绪，既丑陋又美好。千万不要被这些情绪吓住，也不要认为你可以用逻辑向她解释这些问题。接受现实才是关键。你不仅需要学会接受她的情绪，也要学会接受你自己的情绪。通常来说，女人的情绪比男人的要更加强烈，这是男女激素水平不同导致的。你从儿童的玩耍活动中就可以观察到这些不同。为了理解这一点，让我们看一看戈特曼是如何观察在游乐场玩耍的孩子的。

向孩子学习

首先，让我们观察 8 岁的小男孩儿。这个年纪的小男孩儿喜欢跑来跑去，玩一些追球的游戏。游戏"群雄逐鹿"就是这样一个例子。当一个男孩儿拿到球时，其他几十个男孩儿就会集体追逐拿球的人。当拿球的人被包围时，他可以选择继续持球，也可以选择传球给其他人。而接到球的人，会立即变成下一个被集体追逐和包围的对象。这个游戏需要很大的一个场地才能玩。游戏的主要活动就是疯狂地跑来跑去。

孩子们对这个游戏非常认真，也常充满着欢笑。通常来说，一旦有一个男孩儿变得过度情绪化，那其他孩子就会忽视他，然后接着玩游戏，因为孩子们希望他能自己好起来。然而有时，男孩儿们也会选择处理他的情绪。例如，一次，一个叫布赖恩的小孩，他玩着玩着开始大哭起来。另一个叫盖布的孩子自认为是这个混乱组织的首领，大声地让每个人都停下，然后走向布赖恩。"你怎么了？"盖布问道。布赖恩眼泪汪汪地说："我一次球也没有抢到。"然后，盖布转向其他人并大声宣布："咱们走！这次让布赖恩拿球。布赖恩，给你球。好样的！咱们走！"

然后大家四散开来继续玩耍。问题解决了，情绪也得到了处理。男孩子的目标很简单，即不管发生什么，都要接着玩球。每个人的兴趣都在玩球上。哭泣就像水蛭，让孩子们不能痛痛快快地玩。因此，哭泣并不受欢迎。孩子们的目标就是摆脱这个水蛭，继续玩。对男性来说，不论他们是8岁还是48岁，他们的想法都和这些孩子一样。男人的目标就是处理情绪，之后，他们就可以继续在伴侣关系中获得愉悦。

现在，让我们观察一下一群正在玩耍的8岁女孩子。莉萨和凯西正在玩跳房子，突然凯西哭了起来。莉萨问："你怎么了？"凯西说："你伤害到了我的感受。"莉萨说："我怎么会伤害你的感受呢？"凯西解释说，她想要莉萨和她戴同款发夹，并且为此还从家里专门带了一个发夹给莉萨，这样大家就都会知道她们是好朋友了。莉萨说她不喜欢那个发夹，于是凯西哭得更大声了。凯西说："可是我想要和你做好朋友！"

故事到此并没有结束。女孩子们开始回顾她们初次相遇时的情景，还有她们是如何变成好朋友的。她们回忆起曾经一起玩耍一起睡觉，曾一块儿商量要在谁家过夜，还讨论过要在一起玩什么。她们还决定要一起嫁给一对兄弟，这样她们就是妯娌了。她们就这样一直回忆，完全忘记了跳房子这件事。跳房子只是两人相处的背景而已。是情绪让她们更加紧密地联结在一起。她们想要的是亲密的关系，而游戏只是使两个人的联结更加紧密。游戏本身无所谓，她们只是通过游戏来探索亲密的伙伴关系。

对于女孩儿来说，目标从来不是游戏，停止游戏也无所谓，即使停止也并不会妨碍她们的娱乐。对她们来说，有情绪也不是问题。相反，有情绪是一件好事，它提供了亲密的机会。对于女孩儿来说，表达感受需要承担风险，因为这意味着要敞开心扉、互相信赖，但这也是表明关系更加深入的好现象。最终，凯西和莉萨会解决发夹的问题。莉萨同意留下这个发夹。但实际上对女孩儿而言，戴或不戴发夹，并不重要。

与女人的情绪共存

当女人情绪化的时候，男人总在问她们到底想要什么。这不是一个只有男人才会提出的无解的问题，女人也同样被这个问题所困扰。当男人说女人情绪化的时候，他指的并不是积极情绪。如果女人表达的是积极情绪，那么男人才不会觉得有什么问题。

男人觉得有问题的是所谓的消极情绪，如悲伤、愤怒、恐惧、失望、嫉妒、孤独、羞愧和不安。很多男人完全不想要，也不想谈论这些情绪，更不要说和这些情绪共存了。大部分男人认为，谈论这些情绪会让情况变得更糟。然而事实并非如此。

大部分女人对这些消极情绪的感受与男人不同。让我们说得更清楚一点。对女人来说，并没有什么消极情绪。情绪化这个问题对她们来说毫无意义。情绪就是情绪，和呼吸一样自然。

情绪为亲密关系提供了机会，这一点再怎么强调也不为过。情绪为双方的情感联结提供了机会，也为男人向女人展示信任提供了机会。伴侣关系中总是或多或少会产生一些问题。两个人不可能在每一件事情上都达成一致。你的目标是不要让对方和你形成对立。此外，你还要理解，任何一段关系都是独特且复杂的，所以伴侣关系才既让人着迷又令人烦恼。如果你与一个和你一样的克隆人约会甚至结婚，你难道不会觉得无聊吗？既然你不能克隆你自己，那该怎么办呢？你可以试着理解她。当你放弃把她改造成一个和你一样的人的想法时，你就彻底掌握了情绪协调的技巧，并会真正理解她究竟是怎样的人。只有这样，奇迹才会发生。

当你有疑问的时候，想想女孩儿跳房子的故事。给自己戴个发夹，提醒自己运用情绪协调的技巧，尤其是当你的女人需要你的时候。这就是理解女人的心。

The Man's Guide
to Women

好男人备忘录

- 女人最想要什么：信任。女人首先想要的就是信任。言出必行、表里如一，是男性获取女人信任的方法。

- 信任的秘密：情绪协调。女人需要在情感上和男人产生联结，如此才能获得情绪安全。当女人想要和你建立这种联系时，尤其当她沮丧的时候，你要运用以下的情绪协调技巧：关注她的情绪；身体转向她；向她询问以寻求理解；非防御性倾听；接受和确认她的情绪。

- 不要使用蛮力。女人也需要身体上的安全。好男人从来不应当用他魁梧的身材和响亮的声音来羞辱女人或者强调一个观点。引起生理上的不安全感是和女性交往的大忌。

- 信任会带来更少的争吵和更多的性爱。当女人觉得在情绪上和男人产生联结，并觉得男人值得信赖时，与其交往便会有更少的争吵和更多的性爱。这是双赢。

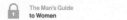
The Man's Guide
to Women

如果你这样做，你就是笨男人

🔒 你试图消除她的情绪，或者试图改变她的情绪。

🔒 你用语言、身体和蛮力去羞辱女性。

🔒 当她和你谈话时，你只顾着看手机或没有给她足够的关注。

🔒 你答应出现的时候却失约。

🔒 你和她在一起时，却分神留意别的女人。

🔒 你有秘密。

🔒 你撒谎。

🔒 你骗她。

🔒 你为了骗她而撒谎。

02

女人独特的思维
理解女人大脑的艺术

首先，让我们把一切讲清楚。我们并不打算在这一章里强化那些关于男女大脑差异的刻板印象。你已经非常清楚那些由来已久的陈词滥调了。

如果你有机会将两颗真实的人类大脑握在手中，你就会发现，男性和女性的大脑完全没有区别。这可不像你去超市给小婴儿挑衣服，男性的就是蓝色，女性的就是粉色。男人的大脑并不是由鼻涕、蛇和宠物狗的尾巴组成的；女人的大脑也不是由一些糖果、香料和一切美好的东西组成的。男人和女人的大脑一样都分为三部分：大脑、小脑和脑干。无论男女，成人的大脑都是由超过上千亿个神经元和百万亿个联结点组成。从体积上说，男性的大脑比女性的大 10%。但是这并不能证明男性比女性在智力上更有优势。和大脑一样，男性的手和躯干也比女性的大 10%。但是这些并不能说明什么。总之，男性就是在体积上比女性要大一些，大脑也不例外。脑容量并不会影响智力。

虽然女性的大脑和男性的大脑由同样的元素组成，但是两者在运行模式上却有所区别，尤其是在生理节奏和对恐惧的感受上。只要你掌握了这两点区别，你就迈出了成为好男人的第一步，即理解女人的大脑。

关注她的周期情绪

人类和哺乳动物的生理功能都有其独特的节奏。我们有自己的呼吸、心跳、步幅、脑电波和睡眠节奏。就连我们的大部分内分泌系统，如激素都有其节奏和规律。然而，女性的节奏更加复杂，因为她们的激素分泌会因生理周期的影响而发生波动。

没错，我们就要和你聊一聊女性的生理周期。了解了女性的生理周期和激素分泌规律，你就会了解哪些事会触发女性的情绪"开关"。

三种激素决定了女人每一天的生理、心理活动：雌激素、孕酮和睾酮。这三种激素决定了女人的活跃程度、价值取向以及她的需求，还决定了她想要什么、何时要甚至想要和谁在一起。你没有看错，其中一种确实是睾酮。虽然睾酮也常被称为雄性激素，但是它对女性同样重要。

在整个生理周期的头两周，雌激素水平会逐步上升，女性会更加友好、健谈，更加放松、镇静，但情绪上也会更加敏感。在生理周期的后两周，孕酮水平会逐渐上升，女性会变得更加易怒、更有压力、更不镇静，也会更想要独处。在这个时期，女性也会更加关注内心世界、更加有创造力。这就是女性生理周期的基本规律。然而，这个基本规律也因人而异。随着女性年龄的增长，这个规律也会发生变化，因为女性会逐渐经历更年期和绝经期。

"不，他不是来抢劫的。他是来帮太太买女性卫生用品的。"

大部分女人到了四十几岁至五十几岁时会经历更年期，此时，她们会变得更加易怒、更容易失眠。好男人会帮助他的伴侣顺利度过更年期，让她们睡得更香。好男人也不会计较女性这时候的情绪化。女性的需求和情感会随着生理周期而变化。这种变化幅度对某些女性来说比较小，而对某些女性来说则非常明显。在排卵期，女性会更加情绪化，性需求也会更强烈。在月经期前一周，女性的孕酮水平下降，她们会更容易变得情绪敏感、易怒、有压力或者伤感。这就是我们常说的经前期综合征（PMS）。经前期综合征可能持续一天，也有可能持续整整两周。经前期综合征的症状还包括从轻度到非常重度的焦虑和抑郁。它也可能导致女性在生理上的不适，包括头痛、背痛、抽筋、胀气和浮肿。女性可以采取以下措施缓解经前期综合征的不适：运动、减少咖啡因摄入量、服用 B 族维生素或者草药。如要彻底摆脱抑郁症状，也可以遵医嘱服用孕酮。

在这个时期，男人应当认真倾听她的感受，要知道，不管她有没有经前期综合征，她的感受都是真实的。你要避免把她的情绪波动归咎于经前期综合征，相信我们，不管她有没有经前期综合征，你这样做都不会为你加分。男人也不要试图去解决她的经前期综合征。你想要一点帮助吗？如表 2-1 列出的，左边是男性通常的回应，右边是我们的建议。

表 2-1　两种回应

错误回应	正确回应
"看上去你每个月都要这样自己给自己开个悲伤派对，我说你就得了吧，我看你很轻松就可以克服这些症状。"	"听上去你现在感到非常悲伤，咱们聊聊吧，我想知道你现在正在想些什么，你现在的感受如何。"

虽然女性通过减少咖啡因摄入量和增加运动量可以缓解经前期综合征的各种症状，但是建议你不要真的向她提出这些建议。在月经到来之前，

女人会更加想要独处。如果你想要支持她，就请在这个时候更多地承担你们的共同责任，让她有更多的独处时间。在很多传统文化里，月经期的女人会到一个单独为她们设立的地方去。在那里，她们不用承担原本的家庭和社会义务，有时间沉思和自省。现代社会已经放弃了这个传统，但是如果你愿意在女性的月经期支持她，让她可以应对因激素水平波动而带来的情绪波动，那么你就是个好男人。

并不是所有女性的生理周期都是 28 天，一个完整的生理周期短则 20天，长则 40 天。同时，也不是所有女人的经前期综合征症状都完全相同。女性本人的整体健康状况、压力水平、服用的药物，如避孕药等，都会影响到女性生理周期的长短和情绪波动的水平。也就是说，没有一个可以适用于所有女人的普适规则。男人能做的就是，熟悉自己伴侣的生理周期和特殊需要，而且还要明白她的周期和需要随时都会改变。如果她的周期改变了，事前也不会通知你。男人要记住，你的伴侣在上周和这一周可能看起来完全是两个不同的人。只有改变是永恒的。你越不把她情绪波动的原因归结到自己身上，就越容易解决这些问题。不管你信不信，很多时候她的心情完全与你无关。

配合她的生物节律

激素对女性的性欲有极大的影响。这一点超出很多男人的认知。激素水平的周期性波动会影响女性的情绪状态，更会改变她的性欲和对性行为的接受度。当女人处在排卵期时，她更加偏好具有进攻性的男人；当她处在非排卵期时，她更加偏好温和的男人。

　　从进化的角度看，女性的生理周期符合她们的长期需要。她需要找到一个爱她并且能够保护她和她孩子的男人，这样她才能够生存并养育下一代。显然，这不是女人有意识的选择，女人当然也可以克服自己无意识的冲动。男人要记住，你们天天在卧室和客厅见到的那个女人，并不是一成不变的。女人也不会想要一个一成不变的男人，因为她的需要、感受和想法会随着她的生物节律而变化。

　　虽然女人波动的节律使她有时偏好一个强势的男人，有时偏好一个温和的男人，但这并不意味着她需要两个男人。只是说你需要配合女人的生物节律，有时展现出强势的特质，有时展现出温和的特质。聪明的男人知道通过在生理上和情绪上展现出不同的特质来配合女人的节奏。当你们俩看完夜场电影回家时，女人会希望你展现出保护者的特质。而在其他时候，女人可能希望你表现得像个养育者，能够和她一起坐在沙发上，倾听她的感受，并且温柔地拥抱她。

　　这就难怪男人会在女人这件事上迷失方向。

　　研究表明，男性能够感受到女性是否正处在排卵期，哪怕只是无意识的。《进化与人类行为》（*Evolution & Human Behavior*）上发表的一项研究证明了这一点。这项研究的对象是脱衣舞俱乐部里的脱衣舞女郎。研究者分析了 5 300 场脱衣舞表演，并请脱衣舞女郎记录下自己的月经周期、工作时间和获得的小费。1 研究者发现，当脱衣舞女郎处在排卵期时，她们可以获得多于平常 80% 的小费。当她们处于月经期时，她们获得的小费数量最低。更神奇的是，那些正在服用避孕药的脱衣舞女郎在获得的小费数量上并没有波动。要知道，当女人服用避孕药时，她们完全不排卵，激素水平也相对稳定。看上去，女人可并不是唯一受到激素和排卵驱动的物种。

　　无论是这些男人下意识地选择给排卵期的脱衣舞女郎更多的小费，还是说处于排卵期的脱衣舞女郎的表演会更加生动，从而能获得更多的小费，在这之外还有更多发现。许多伴侣都坦承，在女方处于排卵期时，双方发生性行为的激烈程度会增加许多。然而，并不是只有排卵才能唤起女性。和其他灵长类动物不一样，人类并没有发情期。许多女人不论是否处在排卵期，对性的需求都很强烈。甚至在月经期内，她们的性欲都非常旺盛。到了更年期，女性的激素水平下降，性欲也会降低。好消息是，一点局部雌激素就可以帮助更年期女性缓解阴道干燥的状况，也可以帮助她们在更年期前后都更加享受性爱。她们只需要一点额外的关心就可以达到目标。

　　另外一个需要关注的激素是睾酮。我们已经解释过了，睾酮并不是男性所独有的。实际上，无论男女，睾酮都可以促进性欲。但是男性的睾酮水平平均来说是女性的 10 ～ 100 倍。

　　男性的下丘脑负责管理性欲。而男性大脑中掌管性的部分的体积是女性的 2 倍，然而，男性关于性行为的想法却是女性的 6 倍。著名喜剧演员比尔·克里斯特尔（Bill Crystal）曾说过："女人需要一个理由才能做爱，而男人只需要一个地方。"虽然总体来说男人的性欲比女人更强，但生活中也有例外。很多伴侣双方的性需求是相当的，有时候女方的性欲还要更强一些。

男性大脑中负责管理性欲的部分与负责管理视觉的部分非常靠近。这就解释了为什么男人只要看着女人就可以"性致勃勃"。女人虽然也会被男人的外表所吸引，但是外表并不是一个必要的因素。关于这一点，我们会在第5章中详述，并且教会你如何科学地吸引异性。

在青少年时期，男性的睾酮水平相对较高，性欲水平也会达到巅峰。而女人的性欲水平直到30多岁时才会达到巅峰。这就给长期的亲密关系带来了有趣的挑战与机会。只有当伴侣四五十岁时，双方的性欲水平才会更为接近。

女人与恐惧

林恩和迈克都已经50多岁了，他们结婚已经超过20年。在这20年里，他们的关系和婚姻经历了许多的起起落落。当他们组成一个家庭时，他们需要一起面对家庭的种种需求，并平衡两人忙碌的事业，还要经常就金钱问题展开协商。在婚姻中，两人似乎并不能够真正理解彼此，他们挣扎于找到自己作为男人和女人以及丈夫和妻子的角色。林恩认为自己的世界观和迈克完全不一致。"我们就好像语言完全不通似的。你知道的，当你和一个不会说英语的人谈话时，你会一直说，然后越来越大声，希望这样对方就能够明白你在说什么，"林恩说，"我和迈克就是那样。我们的语言完全不通，只能通过大声说话来让对方明白，并且希望有一天奇迹出现，对方突然就能完全理解自己。"林恩继续说道："问题是，我试图把迈克想象成一个女人，只是个子大一点，体毛多一点，而迈克则把我想象成一个瘦弱的男人。我们卡在这一步，完全无法交流。"

林恩和迈克的夫妻关系不太像伴侣，而更像一种奇怪的竞争关系。因此，他们会感到沮丧。最终，林恩绝望地要求迈克和她一起参与一个有关如何理解女人的培训坊。迈克却觉得自己已经尝试理解林恩有好几十年了，但是从来没有真正理解林恩。他希望有人可以在培训坊上教给他理解女人的通关密码，并且告诉他为什么女人不能像男人一样理性思考。

培训坊的导师是一名女性。她首先问了在场所有男性一个问题："你们中有多少人曾经对你的生活和安全产生过恐惧？"现场一共有 50 个男人，停了好一会儿，才有寥寥几个人举起了手。她接着问："你上一次有这种恐惧感受是什么时候？"现场又安静了一会儿，气氛似乎变得有些奇怪。最终，有些男人开始举手回答问题。

一个男人解释说，上一次产生恐惧的时候，他还在读高中，当时他正准备和别人打一架。另一个男人接着说，大约 10 年前，他喝多了酒，结果不知道怎么搞的就到了洛杉矶一个治安特别差的街区，当时他有点害怕，不过就那么一小会儿。还有一个说话的男人是个退伍老兵，他说上一次他感到恐惧还是在越南的时候。

每个男人都回答了上一次他们感到恐惧的时刻。很显然，刚才奇怪的气氛并不是因为他们不好意思回答这个问题，而是他们中的很多人根本想不起上一次感受到恐惧是什么时候。所有男人的答案都可以追溯到 10 年、20 年，甚至 30 年以前。

接着，导师开始询问在场的女性："你们中有多少人曾经对生活产生过恐惧？"在场的每个女性都举起了手。"你们中有多少人在过去的 6 个月里曾经对生活产生过恐惧？"再一次，每个女性都举起了手。"那上个月呢？上个星期呢？"没有人放下手。最终，导师问道："当你们通过酒店停车场走到培训坊会场的时候，你们中有多少人感到了恐惧？"包括林恩在内的每个女性依然都举着手。

迈克感到非常震惊，他完全没有意识到林恩的恐惧。他一点儿也不害怕，所以他觉得林恩和他一样。他想起自己常常告诉林恩在车里见，他也想起了当他们外出走在街上时，自己总是走在林恩的前面。迈克发现，这个简单的问题完全改变了自己和林恩的相处模式。迈克一直以为林恩看世界的角度和他一样，然而培训坊真的让他大开眼界。

迈克 30 年来都没有害怕过，这也让林恩感到非常吃惊。她说："了解了我们彼此之间恐惧的不同以后，我们改变了对彼此的看法。我们还不了解什么？我们还需要学些什么呢？"

在培训坊中，迈克学到了一些有关女人的非常重要的事情。那就是：女人对恐惧的感受和男人完全不同。

令人忧伤的是，虽然生活在同样的世界里，女人却比男人更加脆弱。这种脆弱并不是情绪上的，而是生理上的。另一个令人悲伤的事实是，在美国，大约有1/4的女性在18岁前曾经遭遇过性骚扰。如果考虑到那些没有报案的被害人，这个数据会更高一些。在日本，为了防止电车上的咸猪手，女性不得不乘坐自己的专属粉色车厢。在军队服役的女性，50%曾经有过被强奸或者被性骚扰的经历。在遭受到同样的创伤后，女性产生创伤后应激障碍的可能性会高出男性1倍，而这也会让她们对未来更加恐惧。

毫无疑问，为了自身的安全，女性逐渐进化，因而对威胁更加敏感。尽管难以区分出先天因素或后天因素，但我们确实生活在一个让女性更加担忧自身安全的世界中。男人对这些就不太敏感。因此，对于恐惧、安全和危险，男女之间存在巨大的不同。

我们可以在心理实验室中轻松地展示这些性别差异。来自加州大学伯克利分校行为健康科学系的高级研究员洛伦·麦卡特（Loren McCarter）和她的导师罗伯特·利文森（Robert Levenson）教授共同设计了一个实验来证明这点。实验中，他们会在志愿者身后开枪，然后测量男性和女性志愿者的惊跳反射。男女的惊跳反射水平都是相同的，但是他们对于惊吓的反应是不同的。总体来说，受到惊吓后，男性的心跳会比女性的更快，并且也需要更多时间才能复原。然而，当实验人员询问志愿者受到惊吓的感受时，结果却出人意料，女性比男性更容易感到恐惧。换句话说，女性会对这个实验感到恐惧，而男性却感到愤怒，甚至有一些男性会想要对着实验人员开一枪，也让他们感受一下。[2]

假设你开车准备带女伴外出就餐，有辆车突然超车，差点撞到你的车头。那一瞬间，你们两个都吓了一跳。然后，你觉得特别恼火，于是加速追上那辆车，并且离得特别近，好让对方知道你很生气。可是，在最初的惊吓后，你的女伴更多的是会感到恐惧，而不是愤怒。而对你的过激反应，她会感到更害怕。你准备怎么办？或者说，聪明的男人会怎么办？聪明的男人明白女性对于惊吓的反应不同，因此会与前面那辆车保持足够的距离，让身边的女伴感到安全。

男人需要明白的是，在高压之下，男性会变得不太害怕。与此相反，当女人感受到较高的压力时，她们会更加害怕，并且更有可能对未来产生恐惧。总之，应对同样的压力，女人会更加害怕。一生之中，女性也会感受到更多的恐惧。一旦她们对某种特定的环境感到恐惧时，她们会更加害怕同样的情况再次发生。

仔细思考一下培训坊中的女性谈到的她们每日面对恐惧时的感受。这就是女性的真实生活。只有理解这一点，男人才能更深刻地理解女人以及两性关系。我们在第 1 章中提到，女性需要感受到心理和生理上的双重安全。这并不仅仅是一个普通的建议，这是我们基于女性的特殊生理和心理需求而提出的建议。

来自弗吉尼亚大学的心理学家詹姆斯·科恩（James Coan）、希拉里·谢弗（Hillary Schaefer）和理查德·戴维森（Richard Davidson）共同开展了一项重要的实验。在这个实验中，他们用磁共振成像技术测量女性在遭受电击威胁时的反应。在第一组实验中，他们让女性在遭受电击时握住自己丈夫的手；在第二组实验中，他们让女性握住一个陌生人的手；在第三组实验中，女性没有人陪伴。[3]

当一个快乐的已婚女性握住她丈夫的手时，她大脑中的恐惧反应完全消失了。神经科学家通过测量她们大脑杏仁核部分的反应来测量恐惧反应。如果这个已婚女性的婚姻生活并不那么快乐，那么在她握住丈夫的手时，尽管她的恐惧反应会下降一些，但并不会太多。如果女人握住陌生人的手或者独自一人，她们的恐惧反应毫无变化。

这个实验的结果说明，伴侣间的身体接触非常有效。即使只是简单的握手，也对稳定女性的情绪有非常大的作用。

当你了解了这么多关于恐惧和恐惧作用原理的知识后，你会怎么做？你准备如何开始行动？

对于初学者来说，当女人感到恐惧时，请握住她的手。而更好的办法是，在一开始就帮助她避免恐惧。

The Man's Guide
to Women

好男人备忘录

🔑 生理节奏。理解激素对女性日常情绪的影响，明白每个女性受到的影响都是不同的。另外，激素带来的影响也会随着女性年龄的变化而变化，女性的激素周期会影响到她的性欲和对你的需求。

🔑 恐惧。女性对恐惧的感受和男人完全不同，女性更加容易对恐惧产生条件反射。当男女共同经历一次恐怖事件后，女性对此产生条件反射的可能性会高出男性 1 倍。当女性感到恐惧时，立刻给她安慰可以让她的恐惧感迅速消失。当然，前提条件是她和你在一起能感到很开心。如果你们的关系不是那么好，那么你的安慰就不会有效。

The Man's Guide
to Women

如果你这样做，你就是笨男人

🔒 当女人愤怒或情绪化时，你问她是不是因为经前期综合征。

🔒 你认为她的恐惧是不理智的。

🔒 当她害怕时，你无法提供安慰。

🔒 你骚扰她或者强迫与她发生关系。

🔒 当你们一起走在街上时，你走在她的前面而不是和她并排，也没有走在她后面。如果一个男人足够有骑士精神，那么他就会走在外侧，因为这样可以更好地保护女士。

🔒 你不尊重她在生理或者情感方面的脆弱性。

🔒 你故意吓唬她，因为你觉得这样做很有趣。或者在读了上述实验后，你决定测试一下她的惊跳反射。

THE
MAN'S
GUIDE
TO

第二部分

约会必读

WOMEN

人们喜欢那些喜欢自己的人。
如果你喜欢她，就通过语言、行动、
对话和聆听技巧告诉她你很喜欢她。
你全神贯注地关注她就是最好的灵药。

The Man's Guide
to Women

03

男士魅力法则
理解女人和吸引力

乔纳森坐在桌子的一头，他最先开口说话，接着周围的 5 个人也依次发言。当每个人发言结束后，都会转向他，以寻求肯定。每个人都小心翼翼地提出尝试性的建议，直到乔纳森肯定他们的发言。他头脑敏捷、善于计划，并且决策精准。他始终保持着一副指挥官的挺拔姿势。任何走进这个屋子的人都不会怀疑他的地位。

桑德拉和乔纳森约会过几次。他们看上去非常相配，可桑德拉始终对乔纳森不来电。她甚至觉得乔纳森只可能成为自己的朋友。但是当她坐到桌旁观察乔纳森的举动时，她却发现，当乔纳森在给别人下命令时，他充满了自信和创造力，并且公平、公正。桑德拉第一次发现，乔纳森是如此有吸引力。就在这一瞬间，桑德拉感受到了他们之间的火花。她发现，乔纳森具有俯视一切的地下城城主气质。

就在这张桌子上，就在玩《龙与地下城》（*Dungeons & Dragons*）桌游的时候，桑德拉爱上了这个男人，而这个男人有一天也会成为她的丈夫。

毕竟，谁没有爱上过地下城城主呢？

好吧，或许你从来没有玩过《龙与地下城》，但是你也可以想象出地下城城主为什么对桑德拉来说如此具有吸引力。那是怎样的吸引力呢？自信、有智慧和较高的社会地位。或许你要怀疑，为什么地下城城主的社会地位高？他们难道不是一群沉迷于角色扮演游戏的书呆子吗？但这是真的，因为社会地位的高低取决于特定的社会场景。在《龙与地下城》这个游戏的社会场景中，乔纳森就是一个权力掮客，是坐在客厅里的指挥官。作为地下城城主，此刻的他在客厅里享有最高的社会地位。虽然在现实生活中，乔纳森只不过是一个大学生，兼职做咖啡师，但是此刻在这个客厅里，在桑德拉的眼中，乔纳森却是一个优秀的男人。

使用非语言性小技巧

《大人物拿破仑》（*Napoleon Dynamite*）这部电影的男主角拿破仑曾经说过，女孩只喜欢有特殊技巧的男朋友。或许你现在还不会耍双节棍，也不会拉弓狩猎，更不是电脑黑客，但是无论你的技巧是什么，只要你有独特的兴趣以及专业技巧，女人总是会被你吸引的。换句话说，如果你收藏邮票，那么就努力成为一个邮票收藏大师。如果你收藏垃圾，那么你也要成为最迷人、最富知识和最有权势的垃圾收藏大师。女人总是会被首席执行官或公司主席所吸引，哪怕你的公司只有你一个人。

这并不是说你需要很傲慢才能吸引女人。自信和傲慢有很大的区别。吸引女人的是自信，而傲慢只会让她们退却。这种退却的速度也非常快。自信来源于你对自我能力的肯定，而傲慢则来自你的不安。

当然，在你用收藏奇怪的复古画来吸引女人之前，你必须先吸引她和你交谈。在你吸引她和你交谈之前，你必须先让她产生和你谈话的兴趣。在你让她感兴趣之前，你必须先让她注意到你。毕竟，这个世界上有 70 亿人，而且 50.4% 都是男性。

听起来是不是很麻烦？

并不是。不过我们既有好消息也有坏消息。好消息是，你可以用一些非语言性的小技巧，让你看起来自信、有智慧并且拥有较高的社会地位。坏消息是，研究表明，无论男人是否主动采取行动，最终还是会由女人来控制一切的节奏。没错。或许你觉得你有很棒的搭讪话术，即使这些话术在原始男人不再使用木棒作为武器的时候就开始流行了，但是这些话术，就像原始人的木棒一样，通常并没有什么用。

有些男人会下意识地拒绝接受一些研究结果，因为这些研究结果证明了他们的搭讪行为实际上并不是由自己的意志决定和主导的。事实上，无论你在公园、酒吧、音乐节、书店还是咖啡店搭讪女人，在你行动之前，女人就已经先向你释放出无意识的信号，暗示你可以去接近她。这种信号召唤了你的自由意志，引诱你进一步采取行动。

在你决定展开行动之前，女人就已经向你释放出她是否感兴趣的信号了，比如女人的一些姿势其实就是告诉你，你一点儿机会都没有。而有些男人却选择不顾女人的否定信号，硬要搭讪，这样只能得到被拒绝的结果。所有的男人都曾经被拒绝过。但是如果你仔细观察，就会发现那些不利的信号。

单身女性首先会环视四周，并会立刻，通常也是无意识地发现哪个男人足够有吸引力，进而她就会向那个男人发出"来和我搭讪吧"的信号。然而，不要让"吸引力"这个词骗了你。吸引力不仅关乎外表，更关乎你展现出的一些非语言性的身体信号。这些信号让女人意识到你有较高的社会地位，并可以保护她们。换句话说，这些信号暗示你是一个成功的男人，而不是失败的男人。

所有男人都担忧他们的外表。令人伤感的是，大部分男人以及大部分女人，无论他们的外表有多迷人，都会觉得自己不够有吸引力。一项研究发现，当男性被要求评估自己的阴茎尺寸是中等、中上或者中下时，绝大多数男性都认为自己是中下水平。而从统计学角度看，这是不可能的。

什么样的男性特质最吸引女性？答案是对称。没错，对称。研究发现，女性最容易被脸部完全对称的男性所吸引。如果你的脸部完美对称，那么对女人来说，你就是那万里挑一的男神。女人会迅速地向你释放出可以接近的信号，你得像个忍者一样才能躲开这些纠缠。事实上，大约 53.5% 的男性的脸部都是对称的，而大约 58.5% 的女性的脸部是对称的。[1]

那么剩下那些脸部不对称的男人该怎么办？除了整形，最佳方案是通过身体语言展示他们的魅力。脸部不对称的男人要向女人先发出信号，并吸引女人释放出可以接近的信号，如此才会让男人觉得自己既聪明又勇敢，这样才能搭讪成功。

这个过程很复杂，但是所有的动物都会这么做，因为这是进化的要求。当你在食品店购买单身汉的晚餐时，恐怕没有想过未来有一天你会去逛儿童玩具店。但是所有人类，包括你准备要吸引的女人在内，都有潜在的生理驱动，想要找到能够帮助他们繁衍出最健康后代的人。所有的物种都是这样存活下来的。这种生理驱动是基于人类最基本的潜意识的。所以当你在冷冻食物柜台前，发现一个有着完美腰臀比的女人走过时，即使你已经准备单身到 60 岁，完全没有生育子女的计划，你也会突然想起性爱。男女都是受生理特征驱动的。让女人意识到你是完美的交配对象，这是你取得成功的唯一机会。这个女人以及所有女人都会受到进化的强烈影响，她们会审视男人身上的某些特质。如果你无法发出这些信号，那你就只能独自一人吃你的单身汉晚餐了。

像超人一样自信

可以让女人注意到男人的第一个行为叫作"空间最大化"。占据最大空间的那个人被认为是最有社会地位的。这一点在动物和人类的社交系统中都是一致的。这也是一个公司的首席执行官可以享受一个巨大的办公室的原因。

维也纳大学的李·安·伦宁格（Lee Ann Renninger）、乔尔·韦德（T. Joel Wade）和卡尔·格拉默（Karl Grammer）想要找出什么样的非语言性信号可以吸引女人。毕竟，搭讪实际上是由女人主导的。她们是如何在没有任何背景调查的情况下选择男人的呢？

他们在《进化与人类行为》期刊上发表了一项观察性研究。[2] 该研究记录了男性和女性搭讪之前展示出的非语言性或者身体性行为。研究中，只要男人没有被女人打一巴掌、直接回避或者以任何一种方式被公开地拒绝，那么就可以认为该男性搭讪成功了。研究发现，那些成功和女性搭讪的男性，展示出了与失败者明显不同的身体语言。

成功者的特质之一是在社交场合占据最大化的空间。他们伸长双腿，把一只手臂环绕在椅子上以显示自己较高的社会地位。或者，该社交场合所在的房间就是他们所有的。成功者同时还会表现出更加显眼的吸引行为。他们会直接看着女性的眼睛，同时伴有微笑。要知道如果不笑的话，瞪着一个女人就太诡异了。成功者也较少使用封闭性的身体动作。你想想看，一个环抱双臂的男人看起来是不是就像一个遭到责骂的男学生。如果你在一群人当中环绕双臂自我拥抱，那么别人绝不会认为你占据了社交主导地位。[3] 永远不要站着环抱双臂，也不要跷二郎腿。这样做你可能会很舒服，但是从进化的角度看，你恐怕无法找到合适的伴侣来繁衍后代。

同性之间的身体触碰也可以体现一个男人的社交主导性。这也很简单。拍一下你兄弟的背部，或者用手搭上他的肩膀，又或者和他争吵。这些都显示了你的主导地位，会让你更加吸引女性。

 爱情实验室

压力并不性感

英国邓迪大学（University of Dundee）的费安娜·摩尔（Fhionna Moore）经研究发现，女人觉得压力水平较低的男人比皮质醇（一种压力激素）水平较高的男人更加性感。显然，保持镇静是男人吸引女人的另一项进化优势。如果剑齿虎正在攻击你的洞穴，没有女人会想要一个被吓崩溃并昏倒的男人。[4]

另外，研究显示，如果男人坐立不安、紧张焦虑、烦躁地乱动手指，那么他们看上去就不会显得那么自信，也会让人觉得他的社会地位较低，因此对女性就不会那么有吸引力。在本章的最开始我们就说过，女人会被充满自信的男人吸引。难道你认为地下城城主在做决定的时候紧张到痉挛依然还能吸引到女孩儿？根本不会。

如果你觉得要记住的技巧太多了，想象一下克拉克·肯特（Clark Kent）和超人这个双重角色[①]。他们两个人的脸部都是完美对称的。可是克拉克常常很紧张，说话结巴，做事笨拙且烦躁不安，因此他对女孩儿来说是毫无

———————

① 漫画中，超人以克拉克·肯特这一名字在一家报社当记者。——编者注

吸引力可言的。可当他变身成超人的时候，他充满自信，占据了巨大的空间，并且毫不犹豫地勇敢对抗邪恶力量。即使他透视别人也不会灼伤别人，相反却能让他的举动更加迷人。当我们说女人想要有魅力的男人而非笨男人时，你只要模仿超人的样子就绝不会错。

她什么时候对你感兴趣

索尼娅是个美丽的女人，而且是超模那种级别的。但是她却常常抱怨自己很少有约会的机会。索尼娅的女友们总说男人会觉得索尼娅比较有威胁感，事实上，索尼娅只是没有释放出她可以被接近的信号而已。对男人来说，她像是冰雪女王，这并不是因为她有像女王一样的美貌，而是因为她总是看上去非常高冷、不可亲近。男人从她那里得不到任何感兴趣的信号。对男人而言，索尼娅始终是冷淡的，甚至是不友好的。男人是否对女人有兴趣与她的外表没有太大关系，而是更多地会取决于她所释放出的、可以接近的非语言性信号。

当然，男人需要正确地解读这些信号。

韦伯斯特大学（Webster University）的心理学家莫妮卡·摩尔（Monica Moore）在酒吧、餐馆、派对等各种场景下观察了 200 名单身女性。她发现了女性调情时的 52 个举动。这些举动其中就包括：女性会轻轻抬起头部，冲一个特别的男人轻轻一瞥。如果这个男人看了过来，那么女人也会直视回去，并用手指轻轻撩拨头发，她会轻舔嘴唇，还会露出脖颈。这些女性还会把手掌给男士看，还会把裙子拉高一点，露出更多的腿部。她们会在椅子上转动身体，轻轻抚摸身边的一个物体，有时甚至带有一点暗示的、肉欲的感觉。女人们会穿过整个房间，和男士不经意地擦身而过，飞速地用身体碰触一下男性。这些举动都非常细微，但都是确定无疑的信号，表明了女人对你有意思，你可以主动接近她。并且这些举动常常是下意识的，她们自己可能都没有意识到。

简言之，男女相互吸引、初次约会以及互相调情的整个过程都是由女性主导的。如果这个过程是一个复杂的舞蹈，那么女人就是编舞者。只要摩尔可以观察到女人散发出的非语言性信号，她就可以准确地预测到会有男性上前搭讪，其预测的准确率高达90%。

如果她想要认识你，她会朝你的方向释发出明显的信号。最常用的信号就是直接的眼神接触、微笑或者目光反复地看向你又飞快地闪开。这些都是信号，你要如何对待这些信号就随你了。

根据信号，调整行为

当女人对你没有兴趣的时候，她也会让你感受到一些信号。如果你忽视这些信号而选择贸然上前的话，那你被拒绝的可能性就会非常大。女人想要认识你的时候，她的信号会很清晰；相反，如果她不想让你上前搭讪，她的信号也会很清晰。

如果你试图搭讪一个女性，她却始终和朋友说话，这就表示她对你不感兴趣。如果她只是礼貌地和你做无关痛痒的交谈，完全没有直接的眼神接触，目光始终穿过你扫视屋子里的其他人，那么你成功的概率也几乎为零。如果她开始打哈欠，身体向后靠或者转向其他方向，那你还是换个目标吧。不过有时候，虽然女人对你感兴趣，但是由于比较害羞，她也会不太敢和你有直接的眼神接触。在这种情况下，她会展现出社交焦虑的信号，例如和你说话的时候结结巴巴或者伴随着很多的"嗯"。不过她依然会积极地参与到谈话中来。不管她是否害羞，只要她不感兴趣，她都会给你明确的信号。

男人们最常见的错误想法是，他们认为一旦女人发现他迷人、富有或者强壮，就会立刻对他产生兴趣。如果她不愿意和你跳一支舞、喝一杯，甚至不愿意和你交谈，那你继续勉强也是没有用的。被人拒绝的感受很糟糕，但不行就是不行。如果你日复一日地被各种女人拒绝，那么你就该反思一下自己释放出的信号了。关键不在于发现那个被你吸引的人，而在于让你自己变得对大多数人来说都有吸引力。

我们早就讨论过了，吸引力有很多不同的方面。女人觉得幽默的男人很有吸引力，那是因为幽默意味着男人很聪明。女人不喜欢温和柔弱、毫无进取心的男人，因为从进化的角度看，这种男人没有竞争力。

一定要记住，在和女人交流的时候，要直视她的眼睛，要微笑，身体站直，不要紧张不安。要展示出你内在的成功者形象，像超人一样表现自己，如果你做到了这一切却依然被拒绝了，你也不要太在意。如果她不想要和你交往，那么你也不要和她交往。吸引是双方的，只有这种吸引才有意义。你的生理特征和人生经验让你对特定的女性感兴趣，但是你也要记住，你并不能够控制全部的过程。我们将在第 4 章中继续讨论这一点。

你的脚尖朝向他的相反方向意味着你对他没有兴趣。

肢体语言

"咚咚"的踩脚声

好男人备忘录

女人被男性较高的社会地位和自信所吸引。你要不断优化自己，展现出最好的一面，释放出足够的非语言性信号来展示你占据了社交的主导地位，比如占据最大的社交空间、同性之间的碰触、放松、直视女性的眼睛以及微笑。避免紧张不安和不恰当的姿势，如环抱双臂或跷二郎腿。

当男人试图接近一个女人的时候，女人实际上占据了主导的地位。她会释放出一些非语言信号。你要了解那些表明她对你感兴趣的信号：

🔑 她反复地看向你却又不断闪开目光。

🔑 和你谈话时，她的身体主动靠向你。

🔑 她的腿、脚或者肩膀的方向是朝向你的。

🔑 她一直在撩头发。

🔑 她摆弄身上的首饰，如耳环，或者轻轻敲击酒杯的杯梗。

The Man's Guide
to Women

如果你这样做，你就是笨男人

当女人对你不感兴趣的时候，不要在忽视下面这些信号的情况下还依然追求她。这些信号包括：

🔒 她和你没有眼神接触。当然除非她很害羞。

🔒 当你和她说话时，她不停打哈欠。

🔒 她的身体向后靠或转向其他方向。

🔒 她的目光超越你的头或者扫视屋子里的其他人。

🔒 她直接告诉你她对你不感兴趣。

另外，如果你忽视以下事项，你也无法达成目标：

🔒 你觉得干净整洁和穿着打扮并不重要。

🔒 你觉得醉醺醺的很有吸引力。

🔒 当你对某个女人感兴趣的时候，你不直接看向她，也不微笑。

🔒 你的姿势或者举止显示出你是个弱者，或者你看上去无法给她提供安全感。

🔒 你混淆了自信和傲慢。自信很有吸引力，傲慢则没有。

04

成功约会守则
约会注意事项

我约会的女伴现在还没有意识到我在和她约会呢。

——加里·山德林（Garry Shandling）[①]

　　约翰的初次约会是在青春期时，约会对象名叫琳达。可怜的琳达，约翰完全不知道约会时应该做些什么。约翰想去问自己的父母，可是谁会去问爸妈怎么约会呢？他也没法儿去问自己的堂妹，因为她那时才 5 岁，她能想到的约会不过是用玩具扮家家酒。约翰只知道一个可以获得一切知识的地方，那就是图书馆。约翰翻遍了架上的每一本书，没有一本是关于如

[①] 著名好莱坞喜剧演员、导演，1949 年出生于芝加哥，2016 年 3 月 24 日逝世于洛杉矶。——编者注

何约会的。他只能去问图书管理员。图书管理员却让他走开。

约翰感到十分恐慌。于是，他去了当地的一家小书店，购买了他看见的第一本可能有用的关于约会的书。这本书里有 10 000 个笑话。在他和琳达初次约会前，约翰记下了其中整整 300 个笑话。

这时，阿龙出现了。阿龙比约翰大 3 个月，在女人和约会这件事上更聪明些。阿龙成了约翰的"僚机"①。当年可是 1955 年，"僚机"这个词甚至还没有被发明出来呢。阿龙告诉约翰，讲笑话是个好主意。接着阿龙又说，女孩儿都很蠢并且反应很慢，所以阿龙建议约翰带琳达去看电影。

接着阿龙试图教给约翰行动的每一步。"首先把你的手臂慢慢地放在她的椅背上。记住，一定要慢，非常非常慢。然后，轻轻搭着她的肩膀，再然后，慢慢地靠近她的胸部。她肯定很喜欢，这样当晚你们就可以上床了。"阿龙总是把约会简单地称为"性爱"。

琳达一打开门，约翰就开始讲笑话："你有没有听过四处旅行的推销员问农民他是否可以在农场过夜的笑话？"接着，约翰一直不停地说，一直说到电影院。他试图用笑话取悦琳达，说了一个接一个的笑话。他一直唠叨，直到他们在电影院的椅子上坐下来。电影开始后，约翰非常缓慢且温和地把手臂环绕在琳达的椅子背后。他慢慢地把手靠近琳达，慢慢地碰到

---

① 本义是指编队飞行中跟随长机执行任务的飞机，但此处是指有着丰富搭讪技巧的帮手。——编者注

了她的肩膀。琳达既没有闪躲也没有突然跳开。她好像完全没有注意到约翰的手。阿龙是对的，女孩儿果然很蠢。看来约翰今晚可以和琳达上床了。

由于以一种别扭的姿势绕着琳达的椅背，约翰的胳膊渐渐开始麻木了。但是，他依然缓慢地、一毫米一毫米地靠近琳达的胸部，直到他找到最佳的平衡位置，准备发动最后一击。这时，他的胳膊全麻了，接着便非常无礼地把手放到了琳达胸部的正上方。这时，琳达注意到了。琳达非常嫌弃地看了约翰一眼，然后抓住他的胳膊，用力把约翰整个人摆倒在地。约翰躺在电影院的地板上，心想："上床肯定是没戏了，约会实在是太难了。"

约翰挣扎着爬回椅子，他唯一记得的就是那 300 个笑话。"你听过那个酒吧醉汉的笑话吗？"可怜的琳达。

她的信号是给你的吗

本书的读者应该都已经过了青春期了。即便如此，你恐怕还是会对约会这件事感到困惑。正如你从第 3 章中学到的，无论男人是否主动接近一个女人，女人始终会通过释放非语言信号来掌控局面。你或许认为是你在开车，但实际上是女人在控制着信号灯，并告诉你红灯停、绿灯行。或许有些男人会对这些信号感到困惑，如果是闪烁的红灯怎么办？如果是黄灯呢？又或者是一闪而过的绿灯呢？有没有可能信号灯坏了，或者你错过了信号灯，你应当不管不顾继续前进吗？

这里有一个简单的小技巧，你可以用它来检查一下你读取信号灯的能力。假设你正身处一个拥挤的俱乐部里，你看到一个女人微笑着看了你一眼，接着又把目光转向了别处。虽然她反复这么做，但你却开始犹豫了，会不会此时恰好有一个长得像布拉德·皮特的英俊男人站在你背后，正占据着巨大的社交空间来展示自己的魅力呢？她真的是在看你吗？怎么才能确定呢？

"你的身体语言告诉我，你对我们
的初次约会并不是很满意。"

© CartoonStock.com

　　其实很简单。走到房间的另一端，或者换张桌子，然后观察她是否还在追随你，是否还会微笑着反复看你。除非布拉德·皮特一直变态地跟着你，否则你可以非常确定她的信号是给你的。重要的是，你要明白，她只是在给你发出一个信号而已。在对你一无所知的情况下，她对你的第一印象已经足够好了，她肯定也愿意花点时间多了解你。剩下的事情就可以由你来决定了。

第一次交谈

我们已经说过，女人最看重的男性特质是值得信任。这意味着你只要说到做到，就可以赢得女人的信任。如果你希望找到那个和你最配的"锅盖"，那么约会的目的就是找到那个对你真正感兴趣的人，而不是找一个只对你约会时扮演的角色感兴趣的人。你不需要等到自己完全准备好才开始寻找那个"锅盖"。和款式不同的"锅盖"约会也不是什么大问题。毕竟，这只是找到合适"锅盖"的过程。然而，如果你的目标很简单，只是想和尽可能多的人有短暂的关系，那么你或许可以参考其他书籍，它们会告诉你如何通过自我伪装来引诱别人。这本书的目的是告诉你每个女人真正想要的东西，然后帮助你变成每个女人都梦寐以求的男人。这本书不是帮你假扮成别人来欺骗女性的。

如果信任关乎建立包括生理和情绪在内的双重安全感，那么你可以通过交流时的认真倾听和真诚关切来给对方提供安全感。约翰的第一次约会彻底失败了，这是因为他没有展现出真实的自己，也从来没有从琳达的角度去考虑问题。在约会甚至其他任何场合中，你都需要把女人而非你自己放在中心位置。约翰甚至没有和琳达对话。他只是简单地记住了他准备说什么。在那个年代，约翰的笑话只不过是一个非常低俗的搭讪话术，只是为了达到目的的最廉价手段，而且这种笑话完全忽略了对方的感受。听到这种笑话，女人或许会笑一笑，但你永远不能通过讲这种笑话，来变成让每个女人都梦寐以求的男人。你只是众多普通男人中的一个，而我相信你也知道那些普通男人什么样。这种男人会这样和女人搭讪："宝贝，如果你是一本书，那你一定是精装版的！"

女人会对有强烈情绪能量的男人印象深刻。这种男人对他所谈论的事情充满热忱，非常善于提问，并且认真倾听回答。我们在爱情实验室里发现，幸福伴侣们彼此之间的第一印象通常是积极正面的，而非肤浅的。积极的第一印象与英俊美丽的外表无关。只有真的有兴趣和热忱想要了解对方，才能够给对方留下积极的第一印象。女人要的是开诚布公的对话。当她询问你的职业，你却语焉不详时，她会感到很没有安全感。如果你一边和她谈话，一边四处张望或盯着她的胸部，她也会觉得没有安全感。如果你问她一个问题，却又立即打断她的回答，或者对她的回答没有回应，你猜她的感受如何？是的，她会觉得不安全。

相比男人而言，女人对第一次的谈话通常会不太自信或犹豫不决，所以你要表示充分的欢迎并且鼓励她多谈谈自己的事情。你要给她足够的时间来谈她自己，不要匆匆忙忙地结束话题，更不要打断她的话。换句话说，不要试图主导你们的对话。每个女人都有一个独特的故事，你要做的就是鼓励她说出自己的故事。询问她的工作、生活和兴趣爱好，并且发掘具有积极意义的话题。要知道，如果她开始想到一些消极负面的事情，她就会把这些负面情绪和你联系在一起。

　　假设你询问了她的职业，而她告诉你她是个律师，那接下来你准备说什么呢？笨男人会开一个关于律师的玩笑，或者说一句"那很不错"，接着就会问她下一个问题。然而，聪明的男人则会追问一个更加深刻的问题："你为什么想要读法学院？"或："你喜爱法律的哪一点？"然后倾听她的答案并且继续追问。如果她说她是因为父母的关系才选择做律师，或者她说她非常讨厌法律，那么你就可以问："那你希望从事何种工作？"你要问她开放性的问题。开放性的问题没法简单地用"是"或者"不是"来回答，所以它们会提供给你更多的信息。开放性问题的回答意味着会有较长的描述性信息和解释，或者还会有一些跳跃的想法。问题是确定的，但答案却不是。开放性问题更像是一个邀请。如果你觉得询问工作的话题不够有趣，那就设法让她主动谈论自己，你可以试试另外一个开放性问题："你不工作的时候喜欢做什么？"你也可以问她从哪儿来，在哪里长大。这些看上去是封闭性的问题，但是你可以接着问她在当地长大是什么感觉，有哪些有趣的地方，又有哪些令人难过的地方。对话是一门艺术，这门艺术的核心就是，要把另外一个人放在舞台的中心。

　　在第一次谈话以及在未来所有的谈话中，你都要在她讲话时直视她的眼睛。克拉克大学（Clark Univerisity）的心理学家做过一项研究。他们让陌生人互相对视 2 分钟。这种眼神交流让陌生人迅速地产生了强烈的亲密感和相互的喜爱。[1] 但不要过分变态，你也不要一直瞪着对方看，也要时不时地眨眨眼睛。这可不是一个瞪眼睛比赛。眼神交流能使她产生亲密感，而毫不间断地盯着对方只会让她怀疑你是个连环杀手。两者的区别可非常明显。

🔑 **爱情实验室**

有着低沉声音的首席执行官

杜克大学（Duke University）的研究发现，有着更加低沉音调的首席执行官可以管理好更大的公司，也会赚到更多的钱。研究进一步表明，声调每降低22.1赫兹，公司资产会上升4.4亿美元。研究也显示，声调较低的首席执行官比声调较高的首席执行官每年平均多赚18.7万美元。[2]

第一次对话时还要注意你讲话的声调。麦克马斯特大学（McMaster University）心理神经科学和行为学的戴维·范伯格（David Feinberg）教授是声音研究实验室的主任，他在过去几十年内从事了多项关于声音的研究。他的研究发现，能发出低频声音的男人对女人更加有吸引力，声音低沉的男人也会有更多的子嗣。[3]他还研究了自1960年到2000年所有的美国总统候选人。他发现，在这期间全部8次选举中，赢得大众选民投票的总统候选人都是声音较低沉的那个。

所以，请用深沉而稳重的声音和女人讲话，像詹姆斯·厄尔·琼斯（James Earl Jones）[①]一样，而不要模仿拳王泰森的声音。尝试用你的基音[②]说话。怎样才能找到基音呢？你可以站在淋浴花洒下，用拇指和中指轻轻地

---

① 琼斯曾为《星球大战》电影系列中的达斯·韦德一角配音，在《狮子王》中为辛巴的爸爸配音。——编者注

② 一般的声音都是由发音体发出的一系列频率、振幅各不相同的振动复合而成的。这些振动中有一个频率最低的振动，由它发出的音就是基音，其余为泛音。——编者注

捏住鼻梁。然后轻哼，调整你的声音频率。当你使用基音时，你的鼻骨振动幅度最大。演员在剧场演出时，就会使用这样的音域范围，因为这样他们的声带就不会疲劳。焦虑会使你的声音音频提高。自然地使用基音说话，你就更有可能引起女性的兴趣，并约会成功。如果未来某一天你要准备竞选总统，那你也更可能赢得大众选票。要注意的是，声音的变化是非常细微的。其他研究也表明，温柔或者伴随轻微呼吸的低沉声音比较吸引女性；相反，低沉但是显得有攻击性或侮辱性的声音则无法吸引女性。[4] 总之，你是要吸引她，而不是吓唬她。

重点是，人们喜欢那些喜欢自己的人。如果你喜欢她，就通过语言、行动、对话和聆听技巧告诉她你很喜欢她。你全神贯注地关注她就是最好的灵药。

你也可以利用无意识的力量。耶鲁大学著名的社会心理学家约翰·巴奇（John Bargh）及其团队发现，人们会自然地模仿他人的身体语言，这就是所谓的社交黏合剂。当研究人员开始模仿志愿者的姿势和动作时，志愿者会感到双方之间的互动更加良好，也更加喜欢研究人员。人们会自然而然地模仿对方的举动，其结果就是会喜欢上对方。你在约会中也可以使用社交黏合剂。当你看到并关注一个女人时，社交黏合剂就会自动起作用。我们并不建议你过度地使用这个技巧，可不是说她向后甩头发的时候，你也要试图甩头发。你要做的就是注意她的语言和姿势，这样你就会自然地开始和她建立亲密的联系。

下一步要做什么也很明显：问她要电话号码或者约她出去。如果场合允许，你可以在邀请她出去的时候轻触她的前臂。研究表明，当双方有轻微的身体接触时，人们会更加容易同意对方的请求。[5] 所以当你问她要电话号码，或者邀请她一起跳舞、约她出去的时候，轻轻碰触她的前臂一两秒。这也是另一种显示你社会地位和自信的方式。记住，要轻柔、短暂地触碰，不要一把抓住她的手臂，直到她同意为止，也不要有一种你们两个已经很熟络的感觉。这个碰触要简单、轻松且自信。

所有这些建议的前提都是，你想要真诚的约会和伴侣关系，而不仅仅是性。没有女人想要遇到一个调情圣手。女人想要真正的男人，一个两性关系中的成功者，而非失败者。在第 5 章中，我们会讨论你应该如何吸引对方，如何开始下一步行动。但是现在，你要做的就是让她愿意与你再次见面。

对于初次见面就发生性关系这件事，男人和女人的态度非常不同。拉塞尔·克拉克（Russell D. Clark）和伊莱恩·哈特菲尔德（Elaine Hatfield）做过一个有趣的实验。他们让相貌中等的男性和女性研究人员分别接近异性的实验对象，然后问以下三个问题中的一个：你愿意今晚和我出去吗？你愿意到我的公寓来吗？你愿意和我上床吗？实验结果显示，大部分男性都愿意和陌生人上床，但是女人却没有一个愿意。[6]

澳大利亚的心理学家马丁·沃拉切克（Martin Voracek）重复了同样的实验。他发现，女人表示同意的概率并非 0，而是 6.1%。[7] 但和男人的同意概率相比，这个数值还是相当低的。

当然，如果你是电影《阿呆与阿瓜》(*Dumb and Dumber*)里的劳埃德，你可能觉得 6% 的概率也挺不错的。劳埃德会觉得，实验结果表明自己还是有机会的。我们的目的是告诉你，从进化的角度考虑，女人需要更谨慎地选择伴侣。这也是可以理解的。所以你需要更加小心，在和对方交往的每一步都要注意建立信任。

第一次约会

如果你发出了非语言性的求偶信号，而且初次对话非常顺利，你也成功把她约出来了，那么现在该怎么做？约会是另一种展现好男人形象的方式。成功约会的关键不是你给她花了多少钱，而是在于你要提前为她考虑，并把她放在约会的中心位置。你完全可以策划一次花费不多的约会，比如野餐、徒步越野、免费参观博物馆或者参加文化活动。你要有创意，要有趣，要策划一次与众不同的约会。

我们会教你一些小秘诀。一些掺杂着冒险和恐怖元素的活动非常适合第一次约会，如坐过山车或者蹦极。人们对恐惧的生理反应与人们对性唤起的生理反应非常相似。大脑的杏仁核既是你平常感受恐惧的部位，也是你感受到性唤起的部位。这两者常常使人混淆。激素在其中也扮演了很重要的角色。当参与到一项全新的、刺激的并且有点儿危险的活动中时，人们释放的激素和坠入爱河时释放的激素一样，即多巴胺、肾上腺素和苯乙胺。所以，在第一次约会时一起来一点儿兴奋冒险的活动，既可以唤醒你的中枢神经系统，也可以唤起你们对彼此的喜爱。

© Randy Glasbergen/glasbergen.com

　　约会也是一个持续对话和不断了解对方的过程。约会时，你可以询问她的兴趣、热情、人生梦想和愿望清单。你也可以和她谈谈曾经去过哪里旅行以及她喜欢做些什么。你还可以问一些关于她的好朋友的事，谈谈她们的共同爱好以及她为什么喜欢她的好朋友。你们也可以谈谈她的家人或者她的宠物。你还可以问她在哪里上学，然后接着用开放式的问题询问她在上学的时候最感兴趣的是什么。但是你要记住，对话和审讯之间有着明显的区别，所以你要真诚地听取她的回答，而不是像面试一样，一题接着一题地提问。除了身体语言，干净整洁的外表也很重要，而绅士风度更是重中之重。为她开门，走在马路的外侧，和她保持一致的步伐都能展示出你保护她的能力。你要不断去思考一个好男人会如何做，这样你才更有可能得到下一次约会的机会。

所以说，你要能够保护她，要像个绅士，更重要的是你要做你自己。你要准备好向她展示你的热情、兴趣和人生梦想。但是请注意，你要先谈一谈你的好友，告诉她你的好友都是什么样的，谈一谈你旅行时去过哪些地方，遇到过哪些高兴或者不高兴的事儿。女人和男人不同，她们更倾向于合作而非竞争。如果你和她有相反意见，不要直接跟她说："你错了。"你可以说："这很有趣。请多告诉我一点儿。"你要听完她的想法，并表现出很有兴趣的样子，然后你可以说："好的，那我的观点是……"但请记住不要用贬低她秉持的价值的方法来强调你们之间的不同。

不要谈论前女友，更不要试图讲述一个把自己描述成受害者的故事。你要谈论你自己，谈论你在未来生活中要做的事情。千万不要像某些男人一样犯下致命错误，询问女人对第一次约会的感受，也不要问她是不是喜欢你。这样做会暴露出你缺乏自信和安全感。你只要仔细倾听，就会知道这些问题的答案。不安全感是吸引力的致命杀手，没有什么比缺乏安全感能更快地让你们从恋人变成朋友。

如果你和她已经跨过了友谊区，那你应继续阅读第 5 章。我们会讨论吸引力的秘诀，并教你如何更进一步。

The Man's Guide
to Women

好男人备忘录

🔑 提出开放式问题。

🔑 真实地展现你自己，但如果你的声音天生就比较细，那么请你用低沉一些的声音说话。

🔑 认真倾听，通过对话制造安全感。

🔑 把女人放在对话或者约会的核心位置。

🔑 看着她的眼睛，并且轻松自然地模仿她的姿势。

🔑 当你试图约她一起跳舞，问她要电话，或者约她出来的时候，你可以轻触她的前臂。

🔑 第一次约会要有创意。计划一些冒险、有趣或者令人兴奋的活动。

🔑 要有绅士风度，比如为她开门或拉椅子。

🔑 充满自信，展现出能够保护她的态度。

The Man's Guide to Women

如果你这样做，你就是笨男人

🔒 采用一些拙劣的搭讪话术。

🔒 说话时冷嘲热讽。

🔒 你试图主导对话，或者打断她，或者你只谈论自己。

🔒 没有提出能够帮助你了解她并帮助她展示自己的问题。

🔒 你觉得在约会时花了钱就可以和她上床。

🔒 你策划的约会没有让她觉得自己特殊和重要。

🔒 当她说话时，你盯着她的胸看，或打量其他女人。

THE

MAN'S

GUIDE

TO

WOMEN

第三部分

科学求爱

这一切都是由化学物质决定的，
你对此毫无办法。

The Man's Guide
to Women

05

吸引的科学原理
诱惑的秘密

某个牌子的男士须后水广告语是"最有力量的男人"。该公司宣称，只要你用了他们的古龙水，你就会变得充满魅力，女人也会毫无来由地迷恋上你；她会认真倾听你说的每一个字，并且无法控制自己抚摸你的欲望；你夸赞她一句，她就会立即为你倾倒；使用这种古龙水可以让你充满诱惑力，可以帮你轻易地吸引女人。

这种能够催眠女人的神奇香味究竟是什么？是信息素。确切地说，是男性信息素。我们无法证实这种瓶装信息素的作用，但是我们知道，从动物和人类的皮肤和汗腺中散发出的自然信息素是一种高效化学信号。这种化学信号可以让某些人闻起来就像是白马王子，也可以帮助男人轻松地吸引女人。听上去，这是个好消息。可坏消息是，每个人的信息素只对特定的一部分人群起作用，对其他人来说则没有用。这一切都是由化学物质决定的，你对此毫无办法。

我们说信息素可以帮助男人吸引女人，这并不是说它可以使一个女人控制不住自己的情欲而立即扑倒你。不管古龙水广告如何宣传，人类的信息素只能制造吸引力和性欲，而不能直接制造性冲动。当然，如果你是一头野猪，情况就完全不同了。雌性野猪会为雄性野猪唾液中释放出的雄甾烯醇和雄甾酮而疯狂。只要雌性野猪处在繁殖期，它就会像……好吧，就会像雄性野猪一样扑向对方。

女人的嗅觉比男人的更加灵敏，这是由雌性激素造成的，而这也是女人比男人更善于准确地辨认味道的原因。女人想要的男人，闻起来可不能像一只锁在健身房柜子里的落水狗，旁边还放着一只臭袜子。你散发出的气味很重要。你的体味一部分是可以由你自己决定的，淋浴、除臭剂和干净的袜子都能让你变得清新，这些都很重要。但是你无法控制你的信息素。信息素就代表着你自己。男性信息素通过女性鼻腔底部的犁鼻器来影响她们的大脑和中枢神经。犁鼻器探测信息素的过程完全是无意识的。女性对男性的气味可以产生生理上和情绪上的双重反应。你有没有见过女人去闻婴儿的头顶？婴儿的头顶可以释放出一种信息素刺激女性的大脑分泌出催产素，而催产素则让人产生爱和亲密的愉悦感受。所以不要相信那些宣称可以增加你的吸引力的古龙水广告。

信息素具有强大的生物性，驱使我们接近那些在基因上最适合繁衍的对象。这就是为什么女生常常觉得他的哥哥闻起来很恶心，而实际上他的哥哥对其女友来说却非常有吸引力。信息素像是双行道。你可以吸引某些女人，但对另一些女人却毫无吸引力；有些女人的气息很吸引你，而另一些女人则不然。它并不针对某个人，而完全是一种生物规律。

2005 年，瑞典斯德哥尔摩的卡罗林斯卡医学院（Karolinska Institute）开展了一项实验，检测异性恋男性、同性恋男性以及异性恋女性的性激素对于特定化学物质的反应。这些化学物质包括从男性汗液中提取的睾酮和从女性尿液中提取的雌性激素。通过大脑成像技术，研究人员发现，当异性恋女性和同性恋男性闻到男性汗液中的睾酮时，他们大脑的下丘脑会发亮，而下丘脑正是负责生殖行为的脑区。异性恋男性的下丘脑只对女性尿液中的化学物质有反应。[1]

费城莫奈尔化学感官中心（Monell Chemical Senses Center）的科学家收集了异性恋男性、同性恋男性以及女性的自然体味（不要问我他们怎么收集的，你不会想知道）。他们的研究结果印证了卡罗林斯卡医学院的研究结果，同性恋男性喜好其他同性恋男性的气味，而异性恋男性则喜好女性的气味；女性则更喜欢异性恋男性的气味。[2]这些实验进一步证明了气味是一种强大的繁衍工具。

纽约的艺术家朱迪丝·普雷丝（Judith Prays）很想知道为什么她会被某些男人的气味所吸引。因此，她在 2010 年创办了"信息素派对"，帮助人们通过气味来寻找伴侣。在派对前，40 名单身男女分别穿着一件干净的 T

恤衫睡了 3 晚，然后把 T 恤衫放在塑料袋内并带到派对上来。朱迪丝为所有的 T 恤衫编号并且根据性别分类。在派对上，人们可以闻一闻 T 恤衫的气味，然后根据味道选择最吸引他们的对象。结果呢？派对成功匹配了 12 对男女，其中的 50% 发展成了长期关系。从那时起，"信息素派对"开始在全世界的大城市流行起来。

第一次接吻

现在，我们并不是要增加你的约会压力或者把你吓跑。事实上，女性永远会记得双方的第一次接吻。女性会记得你们的第一次接吻是笨拙的还是充满激情的，是温柔的还是猛烈的，是湿吻还是干吻；还会记得你们两人的前额或鼻子的碰触。她们也会记得接吻时谁把脸转向右边而谁转向左边；还会记得接吻时的声音和气味。总之，女性记得第一次接吻的所有细节。第一次接吻很重要，可以说特别重要。

巴特勒大学（Butler University）的心理学家约翰·博安农（John Bohannon）调查了 500 个人对自己重要生活事件的记忆，并且还让他们比较这些事件的重要性。初吻被人们认为是最重要的事件，是"所有被调查人员最历历在目的记忆"。约翰·博安农发现，不论初吻发生在多久以前，人们几乎都可以记得关于初吻 90% 的细节。[3] 更加让人有压力的是，纽约州立大学奥尔巴尼分校（State University of New York at Albany）的戈登·盖洛普（Gordon Gallup）发现，有 60% 的女性会因为接吻不愉快而和对方分手。[4] 那么，为什么接吻会如此重要？

你可以这样理解：你的嘴唇上布满了无数个神经末梢，它们代表了你大脑的感觉皮层。这种联结比你想象的更加强大。一个恰当的吻可以刺激这些神经末梢，让女性大脑释放出让人感觉良好的激素。如果你无法刺激这些神经末梢，那你就不是在接吻了，而是在吻别。对于接吻来说，双方的化学反应意味着一切。就像信息素的机制一样，你们要么很配，要么完全不搭。

口腔清洁。如果你刚刚吃完一罐沙丁鱼和一些烤蒜头配奶酪，建议你重新考虑接吻的时间。要记住，女人的嗅觉非常灵敏，散发臭气的嘴闻起来可一点儿也不可爱。

充满自信。在电影《乱世佳人》里，当白瑞德亲吻郝思嘉时，他犹豫了吗？他只是告诉郝思嘉，她应当常常被人亲吻，并要被擅长接吻的人亲吻。然后他就亲了郝思嘉，证明自己确实很擅长这件事。有那么多浪漫小说会描写女人沉醉于接吻不是没有道理的。没有什么比一个男人在亲吻前征求许可更加扫兴的了。"我能吻你吗？"这听上去很礼貌，但是无法点燃火花。你应当通过观察她的非语言性信号来判断她是否准备好了。

理解暗示。你可以看出一个女人是否愿意被你亲吻。当她感兴趣的时候，她的大部分注意力都会放在你的眼睛和唇部。她会微舔双唇或者轻咬下唇。你要看着她的眼睛和她的唇部，观察她是否正在微笑。她不会主动吻你，要知道没有哪本浪漫小说的封面会画着一个女人主动拥吻一个男人，但是她会给你暗示，并让你吻她。

© CartoonStock.com

慢慢来。 当你吻她时，不要着急吻她的面部。她会长久地记住你们初次亲吻的每一个细节。你不会希望在她的记忆里，你像一条疯狗似的挂在她的脸上。把你的脸慢慢地向她靠近一些，然后看她的身体是往后靠还是待在原处。如果她把身体挪开，那么你或许错误地理解了她的信号。如果她待着不动或者略微向前倾，这就是你亲吻她的正确时机。

建立预期。 轻触她的脸部；抚摸她的头发；将你的双唇更进一步靠近她，停留一会儿，让她感受到你的呼吸。记住要保持口腔清洁。你要慢慢地建立起你们之间的吸引力，让双方的欲望自然生发直至双唇碰触。当人们期待美好事物的时候，他们会分泌多巴胺，这也会进一步让随后的亲吻变得更加愉悦。你的最终目标是，让她想要亲吻你胜过想要呼吸。

亲吻。 将你的双唇缓慢地触碰到她的唇，然后轻轻停住。感受此刻。

不要着急将你的舌头伸进她的嘴里。这是亲吻，而不是性骚扰。增加唇部的压力，直至她做出回应后，你再更进一步。如果她张开嘴，那么你就温柔地把舌头伸进去。男性的唾液含有睾酮，而睾酮可以促进女性的性欲。这并不意味着你应当尽可能多地将口水弄到她嘴里，那样对促进她的性欲毫无帮助。同样，你也不要认为把她的口腔周围都弄上口水可以促进性欲。嘴巴有一点湿润就刚刚好，可不要像圣伯纳犬一样亲吻她。要保持清爽，流口水一点儿也不性感。

相信直觉。接吻好像跳舞，每对伴侣之间的舞蹈都是独特的。你先领舞，让她跟着你跳，然后再让她主导。如果她撤回，那么就停止亲吻。如果直觉告诉你她的神经末梢已经十分兴奋了，那么就继续亲吻她。长久的亲吻非常美妙。

温柔抚摸。亲吻始于唇部，但是双手和手臂却可以加强亲吻的力量。抚摸她的脸部和秀发，用双臂环抱她的颈部。你的双手可以自由活动，但是要让双手温柔地放在身体两侧。让她感觉在你的臂弯里很安全。在第一次亲吻的时候，你最好不要试图触碰她的胸部。

现在你的信息素整装待发，你的吻也使她如痴如醉，仿佛看到了雨后彩虹和跳舞的独角兽。现在该做些什么？电影里面会建议（当然这取决于电影的级别），屏幕应当就此淡去，你们应当自然地脱下衣服，狂野而激情地做爱。

我们不能告诉你下一步应该做些什么。好吧，其实我们能，我们也会告诉你的。在我们讨论那些事情之前，我们需要暂停一下。接吻之后，你们是一夜风流还是认真交往，决定权其实在你们。但是，在告诉你如何成为一个优秀的情人之前，让我们先教你如何判断一个女人是否可能和你进入一段长期的专偶制关系或进行一次严肃的约会。当你被催产素包围时，你也不太可能调用那些能做长远思考的器官。因此，你要保持清醒。可能是你的吻让她疯狂，也可能她实际上就是一个完全疯狂的人。在第6章中，我们将帮助你区分这两种情况。

好男人备忘录

🔑 信息素是一种产生吸引力的化学物质，会让某些人闻起来就是你想要的。

🔑 女性的嗅觉比男性更加灵敏。你的信息素对某些女人来说很有吸引力，但是对其他女人则不然。这并不针对你个人。

🔑 你可以控制除信息素以外的其他体味。因此，请保持个人卫生清洁。

🔑 糟糕的初次亲吻会毁了你们的关系。

🔑 女人对初吻的记忆，胜过其他任何人生中的重大事件。确保你们的第一次亲吻给她留下美好印象。

🔑 亲吻会释放出大量让你们感觉良好的激素。

🔑 你可以学会如何让第一次亲吻更加美妙。

如果你这样做，你就是笨男人

🔒 你不重视个人卫生，并且幻想每个女人都会被你使用的麝香除臭剂吸引。

🔒 你忽视女人是否被你吸引的信号。这意味着你要么无法更进一步，要么会进展得太快。

🔒 你把第一次接吻当作达到目的的手段，而非一次重要而值得记忆的体验。

🔒 第一次接吻之前，你没有给对方建立起预期，单方面过快地推进了关系。

🔒 第一次亲吻时，你恨不得把舌头伸到对方喉咙里，弄得对方嘴里全是脏兮兮的口水。

🔒 亲吻时，你没有温柔地抚摸对方。

🔒 她不能在你的臂弯里感到安全。

06

看清对方的真心
理解女人的真实需求

穿过一屋子的拥挤人群，你们发现彼此相互吸引、火花四射。你们彼此靠近，你发现她闻上去和感觉上都是那个你想要的女人。你们开始约会，并有了一夜风流。第二天早上，或者第二周、第二个月，当双方展现出最佳的状态时，你的心里却仍然有这样一个疑问：她是不是只想和我一夜风流？

这是个好问题，但是如果你真的要严肃考虑这一点，那么最好不要在床上思考这个问题。因为你会被她的催产素、你的睾酮以及多巴胺所左右。催产素是可以促进建立双方的联结和依恋的激素。人体在高潮时会释放出催产素，这也是为什么那些只想要一夜风流的男女很难保持单纯的性关系，催产素会妨碍你做出合理的决定。即使你没有到达高潮，生理的愉悦也会刺激催产素分泌。催产素让你感觉棒极了，但是会妨碍你的判断，因为它会让你大脑中的恐惧反应停止。

为了评估催产素对决策过程的影响，瑞士苏黎世大学的研究者们设计了一项实验。研究人员让志愿者参与一项涉及金钱的信任游戏。[1] 志愿者可以得到一些金钱，他们既可以选择独自享受，也可以选择与人分享。如果他们与人分享，那么金钱的数量就会增加 2 倍。然而，这个实验的研究目标并不是投资行为，而是关于人类的信任和理性决策。你会发现，当一方与另一方分享时，即"投资"给他人金钱之后，另一方其实也会有两种选择：他既可以辜负对方的信任留下所有的钱，也可以和对方一起分享。

在实验过程中，两组投资者都被告知对方会留下所有的钱。当得知对方的背叛之后，服用安慰剂的参与者继续与对方分享金钱的意愿降低了；研究人员给另一组参与者喷了一些用催产素制成的鼻喷剂，这组参与者则愿意继续与对方分享金钱，尽管他们遭到了背叛，但他们依然愿意像之前那样信任对方。

你或许认为吸入催产素的那组人真的很蠢。在实验过程中，科学家监测了参与者的大脑状况，发现在吸入催产素的那组人群的大脑中，杏仁核部位的活跃程度降低了。而杏仁核是负责管理人的恐惧的。

催产素可以使你做出一些坏决策，这些决策不仅会"伤害"你的钱包，也会伤害你的心。当你处在吸引的第一阶段时，你会接触大量的激素，这会导致你进入心理学上所谓的迷恋期（limerence）。你或许没有听过这个词，但是你肯定知道这种感觉是什么样。这种感觉就是坠入爱河，就是你无时无刻都在想着对方。这也会让你不吃不喝、不眠不休。但你也会感受到愉悦和狂喜，会更加激动、兴奋，充满性欲。

在迷恋期，你会忽视很多值得警惕的信号。你可以这样来理解：在电影《致命诱惑》（*Fatal Attraction*）中，如果迈克尔·道格拉斯（Michael Douglas）扮演的丹能够意识到自己正处于迷恋期，其行为和决策都被激素所影响，他就不会和格伦·克洛斯（Glenn Close）扮演的亚力克丝有外遇，亚力克丝也就根本不会在炉子上把那只小兔子给煮了。

当你处于迷恋期的时候，你会认为你的决策都是理智且合乎逻辑的。但事实并不是这样。所以当你想要决定她是否只是你一夜风流的对象时，你要确保自己是理智的，能够自主思考，不要让催产素围攻你的杏仁核，让你以为自己无所畏惧。

如果你的大脑开始为那个不是很完美的对象找借口，那么我们就要告诉你另一个秘密，即人不会改变。没错。人的本质不会变，人们也不会改变自己对待他人的方式。男女都是如此。所以你要注意那些值得警惕的信号。如果你会忽视这些信号，那有可能是因为你正处于迷恋期。

亚力克丝并不是因为火热的婚外性爱才变成了兔子杀手。她本来就是那样的人，而丹只是无视了这个事实。

显然，亚力克丝有很明显的人格障碍。关于这一点，我们将在后续章节中讨论。但是让我们先关注另一个可能的原因：除了激素的影响，男人就是会被某种特定类型的女性所吸引。

© CartoonStock.com

童年印记与伴侣关系

研究显示，人们在幼年时能否从父母或者养育者那里体验到亲密的爱恋关系，会对他们未来的伴侣关系产生巨大的影响。即使你对童年的生活经历毫无印象，这些经历也会影响你日后在恋爱与生活中的感受和行为。一项长达 20 年的追踪研究显示，在出生后 18 个月内，如果婴儿和养育者建立起了亲密和充满爱的关系，那么他们长大成人后，就更容易处理好伴侣之间的冲突。研究者将这些婴儿归为"安全型"。如果婴儿在这个关键的时期没有建立好安全的依恋关系，那么未来他们在伴侣关系中就会遇到更多的困难，也更难以像成人一样投入一段关系。[2]

这是否意味着你只能与那些在婴儿期就建立起安全依恋关系的女人交往？当然不是。如果完美的早期养育是寻找伴侣的标准，那么人类早就灭亡了。没有谁的父母是完美的。但是我们最好了解一下童年印记会如何影响你和你的伴侣。

你的童年经历也会影响到你找谁做伴侣。即使是婴儿，也会偏好那些脸部长得像养育者的人。有时候，你选择的伴侣会带有你早期养育者的人格特点。不管是好是坏，你的大脑都在试图重塑这些童年印记。

20 世纪初，康拉德·洛伦兹（Konrad Lorenz）是第一个着手开始研究童年印记的。康拉德·洛伦兹是一位博物学家，他发现当小鸭子和小鹅刚刚孵化出来的时候，它们会依恋上看到的第一个移动的物体。通常这个移动的物体会是它们的妈妈。但是洛伦兹却成功让鸟类依恋上自己，甚至依恋上非动物的物体，如雨靴和电动火车。

在刚刚出生的关键时期，无论什么物体出现在它们面前，这些鸟类都会与之建立依恋关系。洛伦兹变成了这些鸟类的爸爸。一旦依恋关系建立，就很难改变。更让洛伦兹感到惊讶的是，当这些小鸭子和小鹅长大以后，它们会试图追求包括洛伦兹在内的人类，并且试图和人类交配，而非寻找其他鸭子和鹅。

如果在食品店内遇到的最火辣的女人看上自己，只是因为自己像她的爸爸，恐怕没有男人能够接受这一点。这简直太不浪漫了。但是男女之间的吸引力是由先天和后天共同决定的，形成的过程非常复杂。所以当你发现自己无可救药地迷恋上某人的时候，你还是要保持心明眼亮。这并没有什么坏处。如果你能在双方都达到高潮之前思考这个问题就更好了。

不论你是否已经进一步突破了你们之间的关系，你都有必要停下来考虑一些关键的问题，然后再将你们的关系推进一步。这关系到你如何发现她真实的一面。

如何了解最真实的她

观察你的伴侣如何对待她的宠物、朋友和家人，你就会大致了解她会如何对待你。后退一步，尽可能客观地观察她。她善良吗？她尊重他人吗？她有耐心吗？她有没有激情？她是能替他人着想，还是会以自我为中心？了解她真实的一面，意味着你要了解她的心灵、她的思想以及她的身体。你信赖她吗？你和她互动的时候感到轻松吗？你们在一起常常开怀大笑吗？你能理解到她的幽默感吗？她能理解到你的幽默感吗？如果你对她不太了解而无法回答这些问题，或者你无法理解她，那你和她的未来发展就会很困难。

心灵。你要观察清楚她是一个善良的人还是一个会常常抱怨家人和朋友的人。当发生负面事件时，她会埋怨别人吗？当她与朋友和家人产生误解时，她会主动承担责任吗？她在其他关系中诚实吗？又或者她常常撒谎、找借口吗？她忠诚吗？她能够保守秘密吗？她会不会在家人和朋友向她吐露心声后立即四处八卦？

你要记住，人总是本性难移。如果她不能珍惜亲近之人的信任和忠诚，那她对你也会一样。她是思维开放，还是守旧？她认真负责吗？她能做到信守承诺、言出必行吗？她是善于沟通协商，还是会激怒他人、制造冲突？她容易神经过敏吗？神经过敏特指两种认知状态：（1）她总是关注事情的消极面，认为出现任何新情况都会是一团糟；（2）她会无休止地反思每一件消极的小事。

想法。她言行一致吗？她言出必行吗？她是信任你还是怀疑你？又或者她是否表面上说信任你，实际上却查你的电话或者反复追问你去哪儿了？她能否接受你的朋友，又或者她是否总是能找到每个朋友的缺点？她会不会偷偷翻你的抽屉，检查你的邮件，或者盘问你社交媒体上的每一个女性友人？她会不会无休止地给你发微信，完全等不及回复？如果你并不是一个值得她怀疑的花花公子，那么以上这些行为都是非常值得注意的红色警报。

身体。你们之间能够产生性的火花吗？如果你们两个人之间可以有一些智力上的交流或者有趣的对话，那感觉会很棒。可是，如果你们之间一开始就没有相互吸引的感觉，那么即使你们两个人激烈地辩论200场，你们之间也不会神奇地产生火花。

这里我们又要提到之前说的迷恋了。迷恋的产生是高度选择性的，不是每个你遇到的人都会向你释放那些让你感觉良好的激素，你也不会向遇见的每个女孩儿都释放出这种激素。如果你们在刚遇到的时候就没能产生这种激素上的相互吸引，那么以后也很难培养出来。

人类的生物性极其强大，无法操控。所以你还是省省劲儿吧。你可以假装你们之间非常合拍，她也可以假装。但是你自己心里清楚，你们之间究竟来不来电。一夜情可以伴你度过寂寞长夜，但是只要你们没有狂热地被对方吸引，那她终究无法满足你深层次的需要。美好的伴侣关系是身、心、灵的高度统一。只有笨男人才会为了达到其中一两个目标而妥协。

当你的大脑还没有被过量催产素影响时，你要问自己一些问题。一些特殊的人格特征，或者人格失调，会让你的生活变得非常糟糕和痛苦。你肯定知道一个表达，即"不要让_____发疯了"。这是一个关于你的爱情生活的填字游戏。你可以在空白处填上任何你认为合适的身体器官名称。人们总是会对幸福生活提出很多建议。其中第一条就是："慎重选择你的人生伴侣。你的伴侣关系决定了你生活的 90% 是喜还是悲。"这一点儿也不夸张。你要对以下人格特征时刻注意并且保持警醒。

落难女子。她是不是常以受害者的角色出现？她是不是无止境地抱怨她所经历的负面关系？她有没有说过朋友背叛了她，或者前男友对她不忠，伤透了她的心？她是否总简单地把人分成两类，非好即坏？

你要当心了。在她眼里，一开始，你可能是个真正的好人，拯救了她悲惨的命运，但是最终，你很有可能也会被她归到坏人那一列。她是否总喋喋不休地唠叨她的身体疾病、个人创伤或者家庭悲剧？在交往过程中，你们总是会分享一些个人生活经历以加强彼此间的了解，而她分享的很多个人经历都充满了令人悲伤的回忆。但问题是，她的个人性格是否在创伤的基础上形成的？她有没有从过去的错误、伤心和创伤中得到教训，还是说她还在为自己的受害者角色沾沾自喜？如果她觉得她生命中的每一个人都让她心碎，那么你马上就是下一个伤她心的人。

公主病。她是不是显示出强烈的优越感？她是不是无法善待其他人，如服务员、工人或者陌生人，理由是这些人的社会地位、阶级和价值都比她低？如果回答都是肯定的，那么你遇到了一个有公主病的女生。

当你为她开门或者拉椅子的时候，公主可从来不会说"谢谢"。她们总是觉得这些待遇是理所当然的，并且常常要求你花大价钱来表示对她的关心。公主病的女生常常会对你有不切实际的期待。在她们眼里，你一开始或许是白马王子，可是，随着时间的流逝，最终你在她眼里和其他"低级"的人没什么两样。她们缺乏同理心，也不懂基本的礼仪规范，她们会为了自我感觉良好而不惜贬低他人。《纽约时报》上刊登过这样一幅讽刺漫画，一个公主愤怒地对服务员嚷道："你知不知道我认为我是谁？"①

竞争者。她是不是会过度强调她的成功？她一张嘴就是在炫耀她的各

---

① 原文为："Do you know who I think I am?"——译者注

种成就和战利品，却对你毫无兴趣？无论和你还是和其他人在一起，她是不是都要占尽上风？

竞争者对任何事都充满竞争性，而且常常愤愤不平。她会和其他人调情来让你嫉妒，这样你就知道你能够和她在一起有多幸运了。这种人的快乐是建立在其他人的错误之上的。她希望控制所有人，包括她自己。她也有可能是完美主义者。这种女人会有非常严格的饮食习惯，难以真正地享受愉悦。竞争者毫无幽默感。

作女。她的生活充满戏剧性，甚至一团混乱。她的生活总是充满一个接一个的问题，而她却指望你解决所有的问题。她每一天都面临危机。大部分人都想给自己找个伴侣，而非找个亟待解决的问题。而有些男人，却会不由自主地被作女吸引，陷入她们制造的混乱旋涡中。她家里煤气停了，她被锁在门外了，她和前男友牵扯不清，或者和朋友关系一团糟。她也许还会有药物或者酒精滥用的问题。她可能会一晚上喝两三杯酒。如果她的瞳孔变得过大或者过小，这可能是药物滥用的结果。她可能什么都不肯吃。如果没有酒精和派对，她可能都无法享受一段愉悦的时光。作女会给你带来很多麻烦，最终你将无法解决。如果她一点儿不会改变，你能不能接受她本来的样子？

以上各种性格特征只是举例而已，并没有穷尽所有的案例。但是，当你决定要开展一段长期关系时，你的基本原则就是要尽量避开这些女人。虽然有些人格特征预示着较为严重的人格障碍，但是普通的落难女子和边缘性人格障碍之间的区别还是很明显的，公主病和自恋型人格障碍也有很大不同，作女和真正有药物滥用问题的人之间的差别也很大。

在决定是否要和这个女人交往的时候，最重要的问题是，当你和她相处时，她给你的感觉如何？你和她在一起时是否能够轻松地开怀大笑，好像回到家一样？你是否充满能量，感到愉悦？你是否能和她一直不停地聊天，顺畅地交流？你们的价值观是否相同？你是否愿意了解她的方方面面，并且愿意带她去见你的家人和朋友？她是不是让你的自我感觉更加良好了？她是不是能成功激发出你内在的优秀特质？

如果你的身、心、灵都和她非常匹配，那么你和她的关系就不只是一夜风流而已了。

好男人备忘录

🔑 催产素会模糊你的判断，并弱化你的恐惧反应。在你高潮和感到喜悦时，你都会分泌催产素，这也能够促进双方的联结。因此，"柏拉图式的性爱"这个短语本身就是矛盾的。

🔑 迷恋是双方互相吸引或者产生爱情的第一个阶段。在这个阶段，你会无休止地想着对方，无法入眠，多愁善感，对爱情兴奋不已。在迷恋期，你会被大量的激素所笼罩，以至于忽视了双方交往中的一些值得警惕的信号。

🔑 你会因为激素或者婴儿期的童年印记而迷恋上某些人。你要反思自己是否总会被同样的女人所吸引。要对有意识或者潜意识的动机保持警惕。

🔑 如果你感到和一个女人有身、心、灵的联结，那么你们的关系就不仅止于一夜风流。

🔑 如果一开始双方不来电，那么你们永远都不会来电。

如果你这样做，你就是笨男人

🔒 你忽视双方交往过程中值得警惕的信号。

🔒 你勉强接受落难女子、公主病、竞争者或者作女。

🔒 你只依据肉体的相互吸引决定你们的关系。

🔒 这个女人让你自我感觉很糟糕，或者你不得不忍受她的粗鲁或不随和的举止。

🔒 你相信你可以只和对方发生关系，而不会相互依赖。

🔒 你认为你可以改变她。

THE MAN'S GUIDE TO WOMEN

第四部分

享受性爱

只有在你全身心地注视着她的时候，
她才会觉得自己很美丽。
只有在你全身心地用你的眼、
你的手和你的唇爱着她的时候，
她才会觉得自己很美丽。

07

想象就是一切

理解女人如何看待她们的身体

当我还是个小女孩儿的时候，没人告诉我，我很美丽。
人们应该告诉所有的小女孩儿她们很美丽，即便她们并没有
那么美。

——玛丽莲·梦露

我们可以给你提供一个女性身体构造解剖图，也可以用图片向你解释女性的身体，并告诉你按哪个按钮就可以刺激女人的神经末梢。不过，在探索女性的感觉和性欲机制之前，我们需要从一个不同的角度来了解女性的身体。在你真正了解女性的身体之前，你必须先了解女性和她自己身体之间的关系。事实上，任何一种解剖图都不能展现这种关系的复杂性。

男人喜爱女人的身体。女性的身体非常柔软、光滑且曲线感十足，这些都让男人爱不释手。让我们更加诚实一点，男人会为女人的身体痴狂，永远不会厌倦。你必须反复告诉你的女人，你对她的身体是多么着迷。如果你从来没有这样做过，那么从现在起你应该开始这样做。

好男人会不时地夸赞女人身上的细节。例如，她穿上那条彩色的裙子有多美，或者当光照过来的时候，她的肩膀有多迷人。好男人也会称赞一个女人的脸庞在月光下有多美丽，她的笑容有多迷人。好男人还会赞许一个哺乳期的女人，或者告诉女人早上起来第一眼可以看到她有多幸福，即使她此时睡眼惺忪、素面朝天。好男人更会告诉女人，和她做爱有多美妙，自己热爱她身体的每一部分。

男人希望女人能够理解这些对她们身体的由衷赞美。他们也希望女人可以突破社会强加给她们的自我怀疑，进而能够接受这些赞美。他们希望女人可以真正地感受到自己的每一次赞美和每一次抚摸。男人希望这样的举动可以扭转他人对女性身体的那些不公平和恶意的评价，并且扭转女人照镜子时产生的自我怀疑。

这可不是一件容易的事。

女人每天会看到 400～600 条广告，其中 1/11 的广告都在直接向女性展示什么样的身材才是完美的。到女人 60 岁时，她会累计观看超过 600 万条广告，这些广告都是在告诉她们完美的女性长什么样。你猜怎么着？事实上，这种经过软件修饰的、不真实的美丽标准是女人们无法达到的。在过去的 20 年里，理想的女性形象一直在被过度地修饰，以至于女人根本不可能达到这些不切实际的美丽标准。即便是广告里的模特，她们离自己所扮演的完美形象也仍有差距。许多研究都已经证明，所谓的理想女性形象会带来负面作用。最终的结果就是，每当女人看到镜中的自己都会很痛苦。

幽默专栏作家戴夫·巴里（Dave Barry）说过，当女性问你，"我穿这个是不是显胖"时，唯一标准的答案就是假装自己心脏病发作，继而昏倒在地。但问题是，你没法儿年复一年地上演心脏病突发的戏码。聪明的男人应该这样回答："不论你穿什么，你都非常美丽。"这才是唯一正确的回答。只能这样回答，你别无选择。这个答案甚至应该被规定成法律，如果你不照着答，就会被判处刑罚和罚金。你一定要相信我们这个答案。

女人很难将她的自我和她的身体区分开来，因此，她们常常会用身体来定义自己的价值。美丽对于女性而言是一种生存策略，因此她们持续地受到要保持美丽的压力，并且会将镜中的自己和社会定义的美丽标准做对比。总体上，男女都会被社会定义的美丽标准洗脑。这种美丽的标准也是时尚娱乐产业长久以来所鼓吹的。你当然可以每天都告诉女人她有多美丽，但是只要女人发现自己和标准化的美丽有所差别，她们就会觉得自己十分丑陋。如果她觉得她的身体很丑陋，她的自我感觉就会不好。如果她自我感觉不好，那么她就很难欣赏自己的身体，也无法因你能够欣赏她的身体而感到高兴。这是一个恶性循环。

"你是否能够保证你会说出真相，全部的
真相，除非她问你她看上去是不是胖了？"

© CartoonStook.com

　　问题在于，女性认为自己可以增长力量、毅力、学识、竞争力或者智慧，却无法"增长"美丽。她认为自己可以把简历修改得很完美，但对于"修改"自己的身体却无能为力。同时，媒体也在不停地提醒女性，她们的美丽会随着年纪的增长而逝去。社会对男性的衡量标准通常是权力、成功、成就及其在所属行业内的能力。可是对于女性，社会不仅衡量这些，还衡量她们的外貌和穿着打扮。男性的成功外表是一种标配，即西装、领带、皮鞋，如果真的很在意外表的话，那还要算上发型。而女性的成功外表简直有上百万条标准。女性穿裤装而非裙装会传达出何种信号？衣服颜色是不是太鲜艳了？首饰和活动场合搭配吗？即使很搭，看上去贵不贵？这个妆容会不会让人产生误解？发型怎么样？女人出一次门需要无休止地打扮，这并不是因为她们内心虚荣，而是因为社会不断地提醒她们要注意外表，人们也会根据她们外表的不同而对她们区别对待。这并不存在对或者错、公平或者不公平的问题，这就是女人每天都要面临的考验。

男人可能觉得拿女人正在吃的甜甜圈或者她的大腿尺寸开玩笑会很有趣，但事实并不是这样。你每说一句蔑视她的话，以后都需要用成百上千次恭维才能弥补。没有什么比评论女人的长相更能伤她心的了。你所能做的就是，尽力理解女人关于个人外表那长期而痛苦的认知，并且告诉她你也一样。你需要尽量理解的是，女人的一个巨大需求就是要满足社会，所以她们才会无休止地节食、买新衣服、过度运动、照镜子、将整容作为对抗正常老化的手段。一个女人的自尊严重地依赖她的外表。如果体重稍稍重了一些，她就会立即情绪崩溃。女人和自己身体的关系非常脆弱，其中有着深层的原因。你只需要知道，如果她认为自己很丑，她就不可能接受你对她身体的赞美。

当然，你没有办法扭转她出生以来就接受的种种负面信息，但是你的一点理解就可以帮助她很多。你没法用个人的力量改变整个社会强加给她的那种不切实际的美丽标准，即使是真正聪明的男人也不能，但是你可以让她感受到，她在你的眼里十分美丽。

只有在你全身心地注视着她的时候，她才会觉得自己很美丽。只有在你全身心地用你的眼、你的手和你的唇爱着她的时候，她才会觉得自己很美丽。

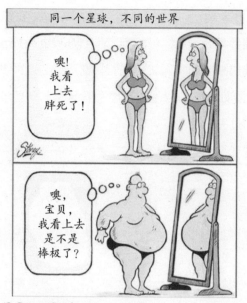

© CartoonStock.com

　　女人认为男人总是在比较和审视她们，就好像她们无时无刻不在自我审视一样。你的职责就是让她确信，无论她穿什么衣服，她都是如此的美丽，并充满魅力。就像我们在这本书的开头所说的，男人可以成就或毁掉任何一段关系，包括成就或毁掉女人和她自己身体之间的关系。你无法控制时尚产业，但是你可以去了解男人和女人是如何被时尚产业洗脑的。你也可以像艺术家一样，用充满爱的眼光来看你的伴侣，欣赏她身上的独特品质和身体曲线。尽管麦迪逊大道上的广告无止境地展示着身材窈窕的模特，但是变瘦真的不意味着一切。男人希望女人变得健康、曲线分明，而且希望她做自己。

心理学家、作家约尼·约翰斯顿（Joni Johnston）在其著作中提到，当黑死病席卷欧洲并导致 1/3 的人口死亡的时候，当时社会对女性美丽的标准是希望她们看起来胖胖的，像怀孕了一样。即使是单身女人，人们也希望她会看上去"更好生养"。人们只要看一看从文艺复兴到维多利亚时期的油画，就会发现过去的女人可比现在的女人丰满多了。这就是最原始的修片技术。只不过现在我们会用修图软件把女人修饰得更加苗条，而当年的画家选择把女人画得更加丰满，以展现出女人的性感和生命力。直到 20 世纪 20 年代，骨感苗条的女性形象才开始出现。这是因为女权运动兴起，女人主观上开始拒绝传统的女性形象。自此开始，女人就应该骨感苗条这一概念便深入人心，进而导致年轻女性开始出现各种饮食紊乱和失调的问题。与此同时，当一个社会物质极大丰富的时候，苗条更意味着有极强的自控力，或象征着一种仙气飘飘的禁欲感，看上去非常圣洁。所以工业革命以后，当中产阶级兴起，物质开始丰富以后，苗条便成了潮流。[1]

当戈特曼还是印第安纳大学的一名年轻的助理教授时，一个夏天，他想要参加金赛研究所（Kinsey Institute）举办的一个暑期工作坊。组织机构愿意让他免费参加，但前提条件是他要参加一个团体讨论。团体讨论由 6 男 6 女组成，这些人大部分都是性治疗师。团体讨论需要完成金赛研究所设计的一项任务：每个人需要谈论对自己身体的感受，并且需要挑一个特定的身体部位，进一步和其他人分享自己对这个部位的感受。

一开始戈特曼觉得这会是一个相当容易的事情。但是当他看到屋子里的 12 个人时，他还是震惊了。这些人都长得太好看了。男的很帅气，女的很美丽。显然，性治疗师都是一群很有吸引力的人。戈特曼想，这个讨论恐怕不会有什么明显的意义。他觉得每个人都会大谈特谈自己有多迷人，他们恐怕只会说："瞧，我多性感，我看上去可真棒。如果一定要我选某一个身体部位的话，这很难啊！我爱我身体的每一个部分。难道有什么不值得爱的吗？"

事实上，戈特曼错了，而且是大错特错。每一个俊男美女都厌恶自己的身体。有一个女人说："我一点儿也不喜欢我的身体。我太胖了。我最不喜欢我的胸。它们又小又下垂。"男人也一样讨厌自己的身体。显然，男人也无法对这个问题免疫。

男人通常不会被自己臀部的尺寸所困扰，但是所有男人都会纠结于其他部位的尺寸。性治疗师、畅销书《新男人的性欲》（*The New Male Sexuality*）的作者伯尼·齐尔伯格德（Bernie Zilbergeld）曾用一幅医学图画展示了男人在性方面所受到的社会影响。在这张图中，有各种各样的勃起的阴茎，虽然他们的形状、大小和尺寸各异，但都是完全正常的。大部分男人都很惊讶于这一点。因为大部分男人都会衡量自己的勃起程度，并且认为自己的勃起程度不够充分。一个令人吃惊的事实是，大部分服用万艾可[①]的用户都是年轻男性。他们都非常健康，并不是我们想象中那些确实存在勃起障碍的老年男性。女性对自己身体的不满和男性对自己阴茎的尺寸、形状以及接受度的不满一样。这样你或许就能理解，为何大部分女性总是

①俗称"伟哥"，用于治疗男性勃起功能障碍。——编者注

对自己的身体不满了。

　　造成这种不满的原因还有许多。在男权社会，女人长久以来都是男人的附属财产。她们看上去越美丽、越有生育能力，就越能够从男人那里索取高价。当然，这种高价是以嫁妆的形式体现的。过去，女人只学习如何料理家务，大部分女人都既不会读也不会写，于是穿着打扮就完全成了她们身份的象征。女人受这种观念的影响已经长达 3 000 年了，可以说已经深入骨髓了。她们一旦意识到她们的女性性别，就会开始和其他女性比较。她们总是会觉得自己的外表不够好，因为她们总是过分看重自己的外表。

　　要想成为一个好的爱人，最重要的一点就是要让她感觉到，无论在床上还是在床下，你都十分迷恋和热爱她的身体。我们之前就说过，如果她们不能对自己的身体感到舒适，那么她们就无法舒适地和你分享她的身体。我们还要告诉你一个小秘密：女人的欲望取决于她感受到的自己被需要的程度。你或许可以成为最性感的奥林匹亚健美先生，但是只要她对自己的身体不满意，她就不可能对你的性感身体感兴趣。做爱这件事不仅仅发生在床上。早在上床之前，你的语言、微笑和目光都会影响到你们的性爱。换句话说，女人最敏感的器官其实是她们的大脑。如果她认为自己对你很有吸引力，并且也能感受到你的激情和投入，那么你就已经是一个非常了不起的爱人了。你根本不需要用到你的手指、舌头和第一次进入来刺激她。

　　现在你已经了解了她的大脑和心灵。我们马上就可以讨论，到底如何才能征服她的身体。

The Man's Guide
to Women

好男人备忘录

🔑 女人一天会接触上百条广告，这些广告都在不停地告诉她们，女人的身体应该长成什么样。女人很难达到这些由时尚娱乐产业创造的理想身体标准，而你的责任是告诉她，她本来就很美。

🔑 女人和她自己身体的关系极其脆弱。即使是关于她的体重、衣服尺寸和个人魅力的小小玩笑，都会深深地伤害她。好男人从来不会批评女人的身体。

🔑 男人永远无法扭转社会对女人的刻板印象，即更瘦才更美。但是男人可以让女人感受到自己的美丽。

🔑 恭维她。让她知道你多么热爱和迷恋她本来的样子。

🔑 如果女人对自己的身体不满意，或者觉得你认为她没有吸引力，她就无法在性关系上和你建立安全的联结。

The Man's Guide
to Women

如果你这样做，你就是笨男人

🔒 你批评女人的身体。

🔒 你和她在一起的时候还关注其他女人，或者对其他女人的某个身体部位品头论足。

🔒 你建议她节食或者运动。

🔒 你告诉她穿某件衣服很显胖。而唯一正确的回答是："你穿什么都很美。"

🔒 你无法让她感受到你对她的迷恋和欲望，你也不能让她感受到自己的美丽。

🔒 你把她和其他女人，甚至和前女友相比较。

🔒 你把她当作一个性玩物，而非一个真实的、有血有肉的人。

08

奇妙的女性身体
一堂解剖课

我喜欢我的肉体，当它和你纠缠在一起。

它是如此全新，令人惊奇。

肌肉更健康，神经更敏锐。

——肯明斯（e.e.cummings）

激情源于大脑。当一个女人感受到激情时，无论这种激情来自工作、家庭还是你，她的身体都会更加生机勃勃，并且她也能感受到更高层次的愉悦，会有更好的身体体验。但是，这种美好愉悦的体验首先来自大脑和心灵。大脑和心灵是她最重要的性敏感带。

只有了解一个女人的大脑和心灵，才能更加了解她的身体。这就是为什么在这本书的一开始，我们就教你如何与女人在情绪上相协调的原因。只有当女人感到自己和男人联结在一起时，才能激发起性欲。她只有先感受到情感和生理上的安全，才能够进而感受到性欲上的安全，并且彻底投入性爱。她可以伪装自己的性欲，甚至也可以伪装高潮。但是，如果你做了情绪协调，你就会知道她是不是真的和你，或者和她自己的身体建立了联结。如果你的性知识像百科全书一样丰富，你当然可以准确地刺激她的各种神经末梢，让她感到愉悦。但是如果你无法刺激她的大脑或者联结她的心，那么无论你如何做，这些神经末梢都不会有所反应。它们就是没有反应，毫无反应。

你的任务不仅仅是了解她的身体，知道如何给她带来愉悦，更重要的是，你要帮助她，让她感到与你有深层次的联结。这样她才能有安全感，才能更好地感受到性爱的愉悦。你要让她能够坦诚地告诉你，她喜欢什么、不喜欢什么，或者什么可以满足她、什么不能满足她。男人常常会以为，如果女人没有达到高潮，那就说明男人的性技巧不够棒，不是一个好的爱人，而是个笨男人。这肯定是一个误解。因为实际上，女人最终要为自己的性愉悦负责。有一句话是这么说的："人生中，每个人都要为自己的高潮负责。"你要做的是帮助她达到高潮，并且了解女人在做爱时，大脑和身体是如何协同运作的。女人的高潮机制和男人的完全不一样，也和你在电影、电视中看到的完全不一样。现在我们要指导你学习女性的身体，以及一些基本的关于女性身体的解剖学知识。

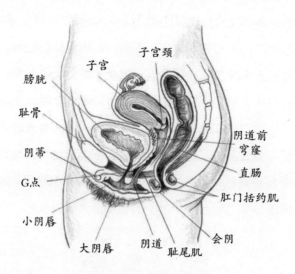

子宫颈

子宫

膀胱

耻骨

阴蒂

G点

小阴唇

阴道前穹窿

直肠

肛门括约肌

大阴唇   阴道   会阴

耻尾肌

女性生殖器官侧视图

　　我们中的大部分人都上过生理卫生课，但令人惊讶的是，绝大多数成年男性都无法准确地说出女性生殖系统的名称。《纽约时报》旗下的新闻聚合网站（BuzzFeed）曾经做过一个调查，要求成年男性读者在一张图上标出女性生殖器官的名称。恐怕我们中的大多数人在初中生理卫生课上都看过这张图。但结果却既搞笑又令人震惊。[1]该网站发现，不仅很多男性对女性的身体毫无认知，女性好像也需要复习一下生理卫生知识。所以当我们踏上探索女性身体的旅程之前，我们需要带你复习一下你在生理卫生课上学习过的一些东西，然后再学习一些新知识。

　　如果上面那张图对你来说太专业了，那么下面这张图将告诉你一些男女性敏感带的基本区别。你要反复地参考这张图。

人们总是觉得女人的身体和性器官充满了神秘感，那是因为男人的性器官是完全外露的，人人都可以看见，而女性的性器官主要都在身体内部。大部分男人花了很多时间来了解 G 点、阴蒂、A 点和 U 点究竟在哪里。对男人来说，这些都太神秘了。想象一下，如果研究者可以再发明一个新的"点"，那么男人就又要花时间去研究了。不幸的是，男人的"点"却从来没变过。这就是为什么女人的解剖构造看起来如此复杂。毫无疑问，女人的身体是一个神秘花园，所以让我们通过研究这个神秘花园的所有"点"来解决这些谜题。

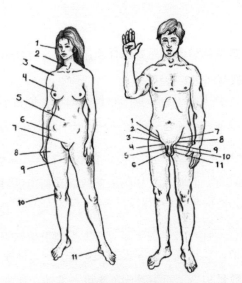

女性性敏感带与男性性敏感区

阴阜（mons veneris）。这个词看起来非常像个时髦的欧洲城市的名字。这实际上是一个拉丁语，意思是"维纳斯山"（Mount of Venus）。是的，这听起来还像一座欧洲的山。阴阜是女性耻骨上端的脂肪组织。在自然状态下，阴阜被阴毛所覆盖。

阴唇（labia）。这也是一个拉丁词语，起源于 labium，意思是唇部。从阴阜沿耻骨往下，女性的阴部分成两半唇状物，分别是小阴唇和大阴唇。大阴唇通常被毛发所覆盖，小阴唇更加靠近阴道，通常没有毛发。小阴唇的颜色很丰富，从浅粉色到黄褐色或者深棕色都有。小阴唇的颜色取决于女性的肤色。当女性性兴奋时，小阴唇和大阴唇会胀大好几倍。想象一下女人做整形手术来丰唇。对，就是像那样膨胀起来。但是阴唇不需要注射任何胶原蛋白就可以自然地肿胀、丰满起来。女性阴唇的肿胀是一件非常美好的事，因为这意味着女性达到了性唤起状态，与此同时，阴道也会变得非常润滑。这就是你想要的状态。

阴蒂（clitoris）。沿着两片小阴唇往上，直到阴阜处汇合的地方就是阴蒂。换句话说，阴蒂应该处在这个位置。发现阴蒂的过程就好像是大海捞针。阴蒂很小，又很隐蔽，它和周围的东西看起来很像。小阴唇在交汇处形成一个帽状物用来保护住阴蒂。为什么阴蒂需要保护呢？这种保护并不是那种保护证人不受黑手党威胁式的保护，而是出于更为敏感的原因：阴蒂充满了神经末梢，极其敏感。事实上，女性阴蒂的神经末梢数量和男性龟头的神经末梢数量相当，而阴蒂比龟头可小多了。这就是为什么刺激阴蒂是让女性获得高潮的方法之一。重要的是，你要知道阴蒂在哪里，以及如何找到阴蒂。聪明男人和笨男人对待阴蒂的方法完全不同。聪明的男人能够找到阴蒂，如果找不到，他们会问；而笨男人甚至根本不知道阴蒂是什么，即使阴蒂就在他们眼前。这太令人悲伤了。如果你不想被定义成笨男人，那么你一定要相信我们这里所说的。有种男人是每个女人都想要拥有的，这种男人尊重阴蒂，并且和阴蒂的关系很健康。

阴道（vagina）。 有些男人对阴道也会感到困惑。如果你认为到现在为止，我们一直讨论的都是女性的阴道，那你就错了。但你并不是唯一一个弄混的人。从技术上说，从阴蒂往下走，经过尿道口，就到了阴道口。阴道是一个神奇的部位。阴道壁紧紧靠在一起，由许多皱褶组成。阴道的弹性非常大，可以容下一根手指、一根阴茎，甚至一个婴儿的头部。这难道不神奇吗？当阴道休息的时候，即没有处在性兴奋状态时，阴道前壁的长度大约为 6.35 厘米，而阴道后壁长度大约为 7.62 厘米。当阴道处于兴奋状态时，阴道的外侧 1/3 会收缩变窄，而内侧的 2/3 则会膨胀起来。

G 点（G spot）。 除了阴蒂，许多男人最好奇的部位是 G 点。他们花很多时间寻找 G 点。真的有这样一种神奇的地方，可以让女人变得疯狂吗？是不是有的女人有 G 点，而有的女人没有呢？自 1950 年欧内斯特·格拉芬博格（Ernst Gräfenberg）在医学文献中明确提出 G 点以来，性科学界对 G 点的存在一直有很大争议。实际上，G 是格拉芬博格医生姓名的首字母，以此表明这是他的发现。尽管格拉芬博格发现 G 点这件事和哥伦布发现新大陆一样具有很大意义，但我们都很清楚，在有人声称发现它们之前，当事者早就知道它们的存在并且很熟悉它们了。G 点大约在阴道内部一到两个指节的位置，位于耻骨的下方。G 点由皱褶的组织组成，在女性性兴奋的时候，它可以膨胀到直径为 25 毫米的硬币那么大。

A 点或者 U 点（A-spot or U-spot）。如果说 G 点是阴道的大明星，那么 A 点和 U 点就是不太出名的小角色，更像是阴道的随从。A 点又称为前穹窿性敏感区或动情区，是马来西亚医生蔡志安发现的。A 点位于阴道内部10.16 ～ 12.7 厘米的位置，在膀胱和子宫颈之间。A 点很难用手指碰到，除非你的手指长得像外星人一样长。

U 点是一块非常敏感的小组织，位于尿道口及周围。U 点在阴蒂的下方，外形像一个倒过来的字母 U，这就是 U 点名称的由来。

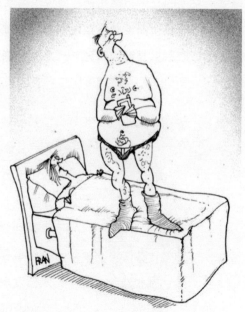

科尔顿的GPS在寻找莫琳的G点方面
真是一无是处。

© CartoonStock.com

　　不论你用哪个字母命名这些"点"，这些地方都是需要你探索的，是能给你带来乐趣的美妙天堂。不是所有女人都会意识到这些"点"的存在，并且也不会在做爱时感受到这些"点"。即使她不知道阴道前穹窿性感带的专业名称，但是当你触摸、刺激和关注到这些区域的时候，她会感受到那份愉悦。此外你要知道，每个女人的性敏感区都略有区别，感受的强度也会有所不同。

　　我们将告诉你探索女人身体的最佳方式，但你或者她对以上"点"的感受差异会非常巨大。女人的身体、性兴奋、愉悦、高潮和做爱时的体验都非常微妙且无比复杂。这些相较于性器官而言，在做爱时发挥了更重要的作用。性器官只是可以刺激她，并让她感受到愉悦的部位中的一小部分。

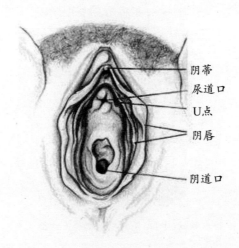

阴蒂
尿道口
U点
阴唇
阴道口

女性生殖器官正视图

当你取悦和探索你伴侣的身体时，你可以发现她独一无二的"点"。关键是与她协调情绪，并且不要有她在做爱时应该感受到什么的期待。你只要好好观察她的目光和声音，就可以知道她的感受究竟如何。

她的愉悦来自你全身心的投入

如果你想要真正地取悦她，那么除了性器官，你还要从头到脚开发她的所有部位。如果你觉得女人的性敏感区仅限于她的生殖器官，那请再仔细想想，当你撩拨她的秀发，或亲吻她的嘴唇、颈部、胸部、耳朵、肩膀、大腿、掌心或者背部的时候，她是否已经感受到性兴奋了？她的皮肤是如此的敏感，甚至对于最微小的触摸和最甜蜜的关怀都有很强烈的感受。你要用你的全身心和女人做爱，用你的脑、你的眼、你的话语、你的心和你的抚摸。在卧室里，聪明的男人知道，他的愉悦最终来自女方的愉悦。这是一个天大的秘密。你要花时间去发现什么会带给她愉悦，这样一来你的愉悦也会成倍增长。

另外一个秘密就是，只要你正确地抚摸，她身体的每一部分都会成为性敏感区。

好男人备忘录

女人的大脑是她最重要的性敏感区。她需要在肉体上和情绪上和你建立安全的联结，如此才能够感受到性兴奋和愉悦。

女人的性器官非常复杂。你要探索什么会给她带来愉悦，并且帮助她一起发现。

找到阴蒂。如果找不到，你要问。

女人有很多性敏感的"点"，包括 G 点、A 点和 U 点。只要你正确地抚摸刺激，这些"点"可以给她带来高度的性愉悦。开发这些"点"，让她获得更好的感受。但是不要让她感受到压力，不要让她觉得自己必须对特定的"点"感受到特定的愉悦。每个女人，以及每个女人的身体都是完全不同的。

女人的性敏感区不仅限于她的阴道。男人也一样。只要正确地抚摸，她身体的任何一个部分都可以给她带来极度的愉悦。她的皮肤、颈部、耳朵、嘴唇、肩膀、胸部、背部和大腿都可以成为她的性敏感区。

她的愉悦可以增加你的愉悦。

如果你这样做，你就是笨男人

🔒 你无法让她在肉体和情绪上感到安全，你也不能让她感受到性的安全。

🔒 你忽视她的想法，以及皮肤、颈部、肩部、胸部、大腿和其他一切可以给她带来愉悦的部位，包括性敏感的各种"点"。

🔒 你没有缓慢而温柔地抚摸她。

🔒 你忽略了阴蒂。

🔒 你找不到阴蒂，你也不问。

🔒 你认为女性的性敏感区全部集中在腰部下方。

🔒 你认为每个女人的身体都是相同的，所以你的抚摸都应该是相同的，她们也都一样会感受到愉悦。

🔒 即便你读了这张清单，你还是忽视阴蒂。

09

变成她最棒的伴侣

激情性爱的通识读本

真正的爱人只要抚摸你的头部，冲着你的眼睛微笑或者
看着远方，就可以给你带来震撼的体验。

——玛丽莲·梦露

要想成为一个女人心中优秀的男人，你必须在卧室内外都取得成功。关键就是记住我们之前所说的，每个女人都是不同的。在做爱这件事上，有些女人喜欢缓慢温柔的风格，而有些女人喜欢快速激烈的风格。在生命中的不同阶段，大部分女人的要求都会有所变化。甚至这种要求在不同的时间、不同的生理周期以及人生的不同阶段都会不同。有些女人可以直接告诉你她们想要什么，而有些女人的心则是海底针，要你不断去猜测是什么让她呼吸急促、狂喜颤动。当你有疑问的时候，我们希望你想一想豪猪。

当约翰·戈特曼教授在印第安纳大学做助理教授的时候，著名性学家马斯特斯（Masters）和约翰逊（Johnson）刚刚发表了他们关于人类性反应方面的突破性研究。戈特曼是在 20 世纪 50 年代长大的，一直到 1972 年，他都还不太习惯直接和他人谈论性。在马斯特斯和约翰逊发表他们的研究之后，有许多伴侣到实验室找戈特曼，要求戈特曼帮助他们解决性生活中的问题。戈特曼试图用专业的态度对待这件事。可是当他讲到"阴茎"或者"阴道"时，就会变得磕磕巴巴，一点儿也不专业。毫无疑问，在他那个年代，这些词可不是人们自然而然地就能说出来的。

幸运的是，印第安纳大学有世界闻名的金赛性、性别和生殖研究所（金赛研究所）。保罗·格布哈特（Paul Gebhard）也是其中一位研究者，并和阿尔弗雷德·金赛共同发表了著名的《美国女性性行为》（*Sexuality Behavior of the American Female*）。格布哈特为戈特曼举办了一场性问题研讨会，专门解决他一谈性就口吃的问题。

在研讨会上，戈特曼需要看录像并观察每一种动物的性交过程。他看了大象、狗、马、骆驼、老鼠、长颈鹿和斑马的性交过程，他也仔细观察了狮子、老虎和熊的性交行为。这些动物大部分性行为都非常快。它们看上去完全都不享受这些性行为，性交的过程也并不浪漫。

直到他看到豪猪的性交。

你可以想象，两只豪猪要性交有多痛苦。它们浑身长满像剃刀一样锋利的刺。雄性豪猪呈现出一种非常有意思的尴尬状态，你恐怕会对此感同身受。雄性豪猪一有兴趣，就想要立刻与雌性豪猪性交。但是，如果它此时立即骑上雌性豪猪，而雌性豪猪的刺还立着，那么它就会受伤。所以它必须耐心坐在雌性豪猪面前，把爪子放在雌性豪猪的脸上，温柔缓慢地、一遍又一遍地抚摸她。这时雌性豪猪就会闭上眼睛。雄性豪猪需要继续耐心地抚摸它。过了一会儿，雄性豪猪就会走到它身后，观察它的刺是否还直立着。如果雌性豪猪的刺还没有软下来，那么它就要继续转到前面，并持续抚摸的动作。只有雌性豪猪的刺完全软下来，才意味着它准备好了性交。直到此时，豪猪才可以开始没有伤害的性爱。

雄性豪猪简直太聪明了。

如果你想要成为卧室里的好男人，你就必须要模仿雄性豪猪的行为。温柔地抚摸对方，直到对方完全准备好。这样，双方才不会受伤。

发出性爱邀请

研究显示，70%的男女采用间接的方式向伴侣提出性爱要求。他们相互抚摸、相互依偎，并且亲吻。在爱情实验室里，我们发现人们常常用一种很体面的方式获得浪漫的爱抚。在伴侣关系的初期，伴侣们小心翼翼地像做实验一样试探对方是否已经准备好了，以便自己可以进行下一步。只有当伴侣们更加亲密以后，他们才可以更开放地直接讨论性爱。

人们做爱的次数究竟有多频繁？看上去大部分人都认为男人比女人更加想要性爱。54%的男人每天都会想要性，甚至一天想到好几次。而这个比例对女性来说只有 19%。我们的研究表明，在理想情况下，男性一周想要 4～5 次性爱，而女性想要 1～2 次。男人的性幻想比较直接，而女人的则比较浪漫含蓄。青春期的男性比女性自慰次数更多，而成年男女也是一样。总体来说，男人比女人更加能够接受性爱。我们认为，与女人相比，对于发生性行为，男人需要的前提条件更少。

诚实地说，究竟有多少男人会在做爱前列一张需求清单呢？有人会这样吗？

人们通常这样描述男女对性爱的不同态度：女性需要先感受到情感上的联结才能发生性关系，而男人则需要性才能感受到情感上的联结。但是数据显示，更准确的说法是，男人对于性的前提条件要求比较少。这就部分解释了为什么大部分男性同性恋的性生活比其他类型的伴侣都要多，这是因为性关系双方都是男人，对于性的前提要求是最少的。而与此相反，女性同性恋的性生活数量在所有类型的伴侣中是最少的，这是因为性关系的双方都是女人，对性的前提要求最多。

女性对于性的前提要求不仅有亲密的感情关系。有时候，女人也会筋疲力尽、分心、感觉不好，或者有其他顾虑。证据显示，当男人遇到这些情况时，他们会选择忽略，无论如何也要做爱。而女性的性欲则像是一个晴雨表。如果她不开心、没有休息好、身体不健康、感觉不到伴侣的支持和关爱，那她就完全不会有性欲。

当女性处于哺乳期的时候，由于激素的影响，她的性欲也会降低。这种生理机制的设置是为了给养育子女留下更多的空间。女性在更年期以及更年期以后，激素水平也会降低。不过只要润滑得足够好，无论是自然的润滑还是使用雌性激素制作的润滑剂，大部分女性在更年期后仍然可以享受性爱。然而，即使她们可以享受性爱，大部分女性也并不会像更年期以前那样积极地追求性爱。问题是，你不能把这件事归咎于你自己。并不是你对她不再有吸引力了，只是因为她的激素水平有所变化而已。你需要花更多心思来说服她。通常来说，她在做爱后会很高兴。且好消息是，在大多数情况下更年期并不会伴随着明显的性愉悦减少。慢性疾病和许多包括避孕药在内的药物，以及抑郁、焦虑和过去的性虐待史，也会影响一个女人的性欲。

🔑 爱情实验室

创伤和性虐待

对于有过性虐待史的女性，最重要的是，要告诉她，你和过去虐待她的人完全不同。性虐待的受害者往往会在发生性关系后逃离，或者当你高潮后，她会蜷缩成一团，表现得十分绝望。当你触碰到她的某个部位时，她也会往后退缩。这可能是由于你的举动唤起了她过去的创伤记忆。如果你的伴侣遭受过性虐待，那么你只有在她愿意的情况下才能抚摸她。一旦她感到痛苦，或者表现出麻木、心不在焉的状态，不论你在做什么，都要停下来。或许你不小心就触摸到了她曾经遭受过虐待的身体部位，这样你的触摸会立即强烈地勾起她痛苦的回忆。我们把这个叫作持续性脆弱。你可以和你的伴侣交流一下，了解她不希望你触碰的身体部位，并严格地尊重这些界限。这样，她才会明白你爱她并尊重她，而非利用她、虐待她。你要帮助她找到她喜欢的抚摸方式，要让她知道你就在那里。你也要问她是否愿意讨论这一切。大部分遭受过性虐待的女性都会觉得自己就像一件被破坏了的物品，并且认为你会厌恶她。你要让她知道，无论她需要什么，你都做好了提供帮助的准备。让她来主导你们之间的亲密关系，包括抚摸和性爱。遭受过性虐待的女性希望从创伤中得到治愈，并且恢复她们的性能力。你需要用交流和耐心来帮助她。

值得注意的是，我们往往笼统地认为女性相比男性而言有更多做爱的前提条件，并且认为女性在更年期后性欲会降低。但事实上，并不是所有女人的情况都是这样。女人在每个生理阶段都可能很有性欲。在我们的实验对象中，有的女性的性欲要比男性的强很多。对于男性而言，这听起来可能很棒，但也可能让人感到筋疲力尽，甚至感到害怕。

有意思的是，女人同意做爱的频率和男人一样。心理学家桑德拉·拜尔斯（Sandra Byers）和拉里·海因莱因（Larry Heinlein）做过一项实验。在实验过程中，他们要求参与实验的 22 名男性和 55 名女性记录下他们所有的性行为。研究发现，男人相比女人而言在性上更加主动，也更愿意主动采取行动。同居的男性比已婚男性在性上也更加主动。然而，如果是对方主动提出的性爱邀请，男性和女性对此的回应并没有什么不同。在这种情况下，男女的回应比例都是 75%。大部分邀请都是非语言式的。他们首先建立情感上的联结，浪漫一下，表达对彼此的喜爱，然后亲吻、爱抚。如果感觉对了，那么双方就会开始更具性含义的接触。这项研究最重要的因素是"邀请她发生性关系"，你有 75% 的机会可能成功，前提是她休息得很好，能和你建立情感上的联结，没有压力并且感到安全。[1]

更重要的是，如果她不同意，你也不要觉得是自己的问题。当事情不尽如人意的时候，笨男人会变得愤怒或者采取防御性的姿态，而聪明的男人则会说："宝贝，你今天晚上看上去太美了。或许等下一次你休息好了我们再来。"更好的说法是："非常感谢你告诉我你没有情绪做爱。你想要做些什么呢？散个步？或者看场电影，吃爆米花？又或者我们只是聊会儿天，拥抱一下？"你觉得哪种男人更好呢？答案是显而易见的。

美妙性爱的前提

所有男人都想要和激情四射的女人做爱，并且渴望成为她所有伴侣中最棒的那个。但前提是，女人需要感到亲密和联结才能够和你发生美好的性爱。我们谈论的是美妙的性爱，棒极了的那种，而不是普通的性爱。只有身体联结的性爱往往平淡无奇，不仅缺乏个体的激情，也没有产生双方更进一步的联结，只会让你感到更加空虚无聊且无法得到满足。当然，这确实有肉体的满足，但这种毫无激情的性爱和自慰没有什么不同。事实上，这种性爱可能还更糟，至少在你自慰后，你并不需要别扭地向自己说再见。我们希望告诉你如何做爱才会有更多的个人感受、更加值得记忆以及更加让人狂喜入迷的体验。

大部分平淡普通的性爱不过是某种形式上的自慰罢了。这并不坏，只是不够好。我们并不想批评这样的性爱。我们只是发现有些男人仅仅在追求性爱的数量，而非质量。普通的性爱就好像是你常点的外卖比萨，味道一般，但是价格便宜，30 分钟内保证送达。美妙的性爱就像是制作精美的比萨，制作的时间较长，但是无比美味，值得你花时间去等待。是的，所有的比萨看着都可以，但是当你吃到的时候，你就知道它们的确是不同的。

研究者梅雷迪思·奇弗斯（Meredith Chivers）发现了性生活中的"不和谐效应"。不和谐效应的产生是因为生殖器只是单纯地充血，即只有单纯的肉体反应，而非由性欲驱动的更加复杂的心理和行为反应。令人惊讶的是，当男性生殖器充血的时候，实际上只有 50% 的可能性是真正有性欲的；对于女人而言，这种可能性则只有 10%。这就意味着对于所有人而言，性器官充血的同时还伴随着性欲的可能性是很低的。有做爱的兴趣并不意味着有性欲，尤其是对女人而言。

要想真正在心理上产生性欲，那么秘密就是：要和对方在大脑、心灵和生殖器上都产生联结。换句话说，这不仅在于你做了什么，而且还在于你如何做。无论是一夜情，还是洞房花烛夜，你都要遵照这个原则。你想要的是那种让人回味无穷的比萨，而不是那种吃起来冷冰冰的、像硬纸板一样的比萨。

 爱情实验室

色情电影并不是性爱

要想成为一个不错的爱人，你必须忘掉你在色情网站上看过的一切。虽然这很难。你看的色情电影越多，就会越希望现实中的性爱看上去也能像电影里的一样。问题是，色情电影是根据男性的性幻想和自慰经验设计的，完全不是女人真正想要的。如果你像色情电影明星一样做爱，那么你的伴侣肯定不会满意。

我们只想告诉你，色情电影会影响到你的大脑，甚至是勃起程度。过度观看色情电影会阻碍你和伴侣获得满意的性生活。如果你有以下5种信号中的至少一种，那么你很可能会有问题，需要及时寻求帮助。

1. 你变得反社会。

2. 你总是悄悄地看色情电影，不想让人知道。

3. 你花非常多的时间看色情电影。

4. 色情电影影响到你的性生活。

5. 你开始觉得性生活应该像色情电影一样。

关键是你需要明白，色情电影和真实性爱的区别就好像性交和自慰的区别一样。

那么，色情电影和真实性爱的区别究竟是什么？

在色情电影里，女性永远湿润并且饥不可耐。这完全是表演，根本不是现实。在真实性爱中，你必须取悦和挑逗女性，才能唤起她的性欲。

在色情电影里，女性崇拜男性的阴茎。在真实性爱中，大部分女性并不是那么喜欢阴茎。

在色情电影里，性交更像是一连串的重击，越快越好，越用力越好。而在真实性爱中，性爱的节奏会随着情绪、氛围和你们双方的性兴奋程度而变化。

在色情电影里，女性的高潮常常一波接一波，她们做爱后能够达到完全的满足。而在真实性爱中，只有 1/3 的女性可以仅通过性交就达到高潮。

做爱的科学与艺术

和女性做爱更像艺术而非科学。所以像每个伟大的艺术家一样，你需要在开始前有一点小小的灵感。你要记住，女性通过自慰获得高潮的平均时间是 10 分钟。这和男性所需要的时间一样。是不是非常惊讶？换句话说，女性并不需要没完没了的前戏，男人也不需要。当女人自慰时，她们不需要点燃蜡烛或放点浪漫的音乐，又再花很长时间才能到达高潮。只要她有性欲，而你有一些技巧，你就可以很轻松地取悦你的伴侣。每次性爱并不需要都像四道菜的大餐一样正式。在以下章节里，我们会告诉你一些不同的性爱技巧，你可以把它们理解成自助餐，每次都给你的伴侣献上一些不同的餐点。

最重要的是，性爱应当给你们双方都带来愉悦。你完全不需要有压力，更不需要为自己的表现而焦虑。你也不需要担忧她是否足够兴奋，或者你的勃起程度是否足够。无论如何，你们总会有些有意思的性爱活动。你能做的就是在性爱中享受你的伴侣，并且享受你自己。如果你享受这一切，她也会感到享受。反之亦然。这就是性爱中最棒的一点，她好你也好，你好她也好。

悸动的心

当一个女人为男人的外表感到兴奋时，她也会被他的话语、动作、对她的态度和他的抚摸所点燃。如果男人是色情电影，那么女人也会表现得像色情电影一样。性爱对女人来说，更像是一个故事。你要记住，你要在她心里写一个故事，这个故事是关于你和她以及你如何创造激情的。你要这样理解性爱。性爱开始于你握住她的手，亲吻她的唇，甚至开始于你替她开门的那一瞬间。早在你们上床之前，她就已经从一举一动中建立起了对性爱的期待。你可以发微信、提建议、调情，并且创造一种可能性和必然性。即使是处于长期关系中的伴侣，也需要在上床前使用一些技巧来点燃双方的激情。

为什么要这样做？这是因为多巴胺的作用。多巴胺是一种化学物质，由大脑中的奖赏系统分泌，主要影响神经系统。多巴胺能让你预感到好事即将发生。人们所预期的奖励就是一种体验，没有比美好的性爱更棒的体验了。这就是渴望。她越兴奋，就会分泌出越多的多巴胺；她分泌的多巴胺越多，她就越渴望某些事情。在这里，她渴望的就是你，这就是为什么预期如此重要。预期让大脑产生寻找某种东西的欲望。我们并不是建议你和你的伴侣扮家家酒，试图让你的伴侣期待你的下一条微信或者下一个亲吻。创造性也可以刺激多巴胺分泌，因此，如果你可以把性爱变得很有趣，而非总是重复一样的戏码，那就更好了。多巴胺关乎人们的渴望。你渴望她，她也渴望你。

性感的灵魂

眼睛是亲密和美妙性爱的关键。当两个人四目相对时，他们之间就产生了社交黏合剂。很少有什么比相互深情凝视更加亲密的了。我们说的可不是跟踪狂变态的目光，我们说的是充满激情和爱意地凝视着一个女人的眼睛。

凝视对方的关键在于微笑。微笑是最能够展示意图的人类姿势。记住我们之前所说的，我们要让女人感到安全。你的微笑能让她感到安全，并且告诉她你并没有恶意。但是你无法假装微笑。如果你只是翘起嘴角，那么你看上去只会很吓人，因为你的伴侣可以区分是真笑还是假笑。真正的微笑体现在你的眼角，而非嘴角。真正的微笑又叫作迪歇恩微笑，是由法国解剖学家首先发现的。唯一能够真笑的方法就是去想一想你对伴侣的喜爱和欣赏。不论你正爱着现在和你在一起的伴侣，还是你和你的爱人已经在一起 50 年了，你都要带着喜悦注视她，并且为你们在一起所做的一切感到兴奋。如果你无法真诚地产生这些喜悦和兴奋的情绪，你恐怕要好好想想你现在到底在做什么了。在色情电影里，人们可不会深情地注视对方，因为他们只是相互帮对方自慰而已。这确实是一种消遣时光的好方法，但这绝不会成为你和她的最佳性爱。一旦你们建立起信任和联结，你就要准备好和她接吻了。

发脾气

在理查德·林克莱特（Richard Linklater）导演的电影《少年时代》（*Boyhood*）里，男主角是一个餐馆的勤杂工兼洗碗工。有一天，他和同事调情，这个同事明确地说，我是不会吻你的。当她离开厨房时，她扭过头来说："但这并不意味着我不可以用其他方式。"这难道真的意味着时代的变化吗？也许是，但亲吻确实是一种更加亲密的行为。在 2014 年出版的书籍《伴侣》（*The Normal Bar*）里，研究人员开展了一项覆盖了 7 万名志愿者的跨国研究。研究表明，处在美好伴侣关系中的人们会有规律地热情亲吻对方，并且还会常常抚摸对方，这种抚摸通常是不带有色情含义的；他们也常常相互拥抱，恭维对方，交流得也更频繁，同时也经常互赠礼物，他们之间会保持良好的关系。这也印证了我们的理论，你为对方做的每一件正面的事都可以起到前戏的作用。[2]

生物人类学家海伦·费希尔认为，亲吻也是"伴侣评价"的核心部分。人们常常说，他们在接吻的时候有多合拍。亲吻也有很重要的生理学意义，因为唾液中含有睾酮，所以亲吻可能会增强伴侣的性欲。相比女人而言，男人更喜欢湿吻，这可能意味着他们想要的不止亲吻这么简单，而是有更长远的目标。但是我们建议你不要在舌头和唾液上用力过猛，最重要的是，你在接吻的时候千万不要流口水。你要时而轻触她的嘴唇和嘴角，时而张开嘴热情地亲吻她，这样会更加富于变化，她也不会觉得你亲她是要把她淹死。

你的嘴唇和舌头是两个最有力的性器官，你可以用你的爱和你的吻包围她。女人和男人一样，希望自己的身体被对方接受、喜爱，甚至崇拜。没有什么比亲吻她和迷恋她的每一寸身体更能够让她感受到你的喜爱的了。

亲吻她的后颈部是一个格外亲密的举动。因为当她把脖颈暴露给你时，她是极为脆弱且易受攻击的。我们在之前的章节里讨论过，当女人裸露她的脖颈时，这意味着她对你很感兴趣。这时，你就应该热情地亲吻她的脖颈来回应她的信任。

你的抚摸电力十足

你不需要用舌头来完成全部的诱惑工作。你有 10 个"小舌头"可以帮助你，如果你运用得当，它们就相当于 10 个"小阴茎"，那就是你的 10 根手指。轻柔和暗示性地抚摸、逗弄她的皮肤，都带有强烈的性意味。你当然可以尝试不同的抚摸方式，小到唤醒她的肌肤，大到按摩她的肌肉。

你要非常小心地抚摸她的乳头。女人的乳头是非常强烈的性敏感带，也是和她有许多情感联结的地方。你最好温柔地接近她的乳房，这可以让她建立对美好性爱的预期，并且让她明白，你并不是仅仅把乳头当作她性欲的开关。事实上，你不应试图用乳头来控制她的性欲，也不应抓住她的胸部发出像摁汽车喇叭时一样的声音，更不要把你的头埋在她的胸部，发出摩托艇的轰鸣声，除非你想被她踢下床。你要珍爱她的乳房。

大部分男人的前戏基本都一样，但有技巧的性爱高手并不会遵循任何一个固定的流程。你要有开放性思维，也要更有创造力，多多探索她身体的不同部位，看看哪个部位更能刺激她。这才是你想要的效果。女人的欲望非常迷人，你要让自己配合她的性唤起过程，而非只顾着你自己。身体的交流就好像亲密的谈话一样，是一条双向道。

当你真的为她着想的时候，你接下来就应当采取更轻柔的动作。阴蒂有着最为集中的神经末梢，甚至比你全身任何一处的神经末梢都要密集。这么多的神经末梢都集中在一块比你的小拇指尖还要微小的皮肤上。总而言之，这就好像在一块豌豆那么大的面积上放罗马烟火筒一样。你最好用嘴唇而非手指去刺激阴蒂，因为嘴唇更加温柔细致。

享受愉悦

记住之前提过的预期理论，撩拨她，诱惑她。你要记住，色情电影里的性爱频率只会是一个让男人中风的频率，那更像是自慰的节奏。在真实的性爱中，最佳的方式是采用温柔缓慢的节奏，带给她更深入的体验。

你要找到双方都非常合适的节奏，并要观察她的反应。但是记住你并不是一个单纯的观察者，你应当一边观察她的反应，一边感受自己的兴奋和愉悦。你的愉悦也可以让她更加兴奋。

好男人希望他的伴侣也能得到满足，大部分男人都是这样想的。一项覆盖 4 000 名男性的调查显示，80% 的男性通过伴侣能否达到 1 次或者 2 次高潮来判断自己的性生活的满意度。但在真实生活中，只有 25% 的女性（甚至更少）可以单纯通过阴道性交获得性高潮。所以即使她不能达到阴道高潮，你也不要往心里去，这不是你的问题。令人忧伤的是，10% ～ 15% 的女性从来都没有体验过高潮。只要你能与她建立联结和信任，那么你就成功了。尽管有些女人无法获得高潮，但她们依然可以享受性爱带来的愉悦，所以你在这方面仍然可以是个成功者。这并不意味着她无法享受性爱，她只是无法高潮而已。

余味

当你或者她达到高潮时，做爱还没有结束。虽然男人天生想要在射精之后立即睡一觉，但是你达到高潮后，她或许还需要继续，又或许想要再一次高潮，因此你可以继续取悦她。当然，如果你是一个可以有多重高潮的男人，你的阴茎依然处在勃起状态，那你可以继续满足她。男人可以在射精前，甚至不用射精就达到高潮。这就是所谓的男性多重高潮。婚姻和性研究中心的威廉·哈特曼（William Hartman）和玛丽琳·菲西安（Marilyn Fithian）曾经专门研究过男性的多重高潮。他们研究了33名有过多重性高潮的男性，这些男性在两次以上的高潮体验后，其阴茎仍然还会保持勃起状态。如果你可以有多重高潮，那么你肯定可以成就她最棒的性经验，尤其是在她也可以体验到多重高潮的情况下。如果你没有办法达到多重高潮，那么当你射精后，你会有一段时间的不应期。无论她如何刺激你，你也不会再勃起。大部分男人的不应期平均是半小时。18岁的年轻男性，其不应期大约可以有15分钟；而70岁以上的男性，不应期会长达20小时，有时甚至更长。

性生活之后的时间是女性巨大的愉悦来源。在性爱之后，她们仍然希望和伴侣保持亲密，并且希望另一半继续抚摸她，轻轻握住她的手，或者拥抱她。优秀的爱人绝不会忽视这段时间。即使是几分钟的爱抚也会带给她非常好的体验，让你和她联结得更紧密。是的，或许你会想要立即昏睡过去。那也行。但是，你只需要环抱住她，什么也不必做，就可以让她感受到安全和爱。

握住她的手。在做爱前、做爱时和做爱后都握住她的手。约会时，要握住她的手；结婚后，也要握住她的手。无论她感到悲伤、快乐、恐惧还是疯狂，都握住她的手。即使她觉得她配不上你的爱，你也要握住她的手。每次当她需要时，都去握住她的手，你就会成为她最棒的爱人。

就是这么简单。

好男人备忘录

🔑 忘记你在色情电影中看到的一切。

🔑 做爱开始于你们实际上床之前。你可以通过建立预期、创造无限可能性来让她无法抗拒。在抚摸她前,用社交软件、调情、性暗示来创造激情。

🔑 当你每次感到有性欲的时候,你就试着讲一个故事。故事是关于你是谁、她是谁以及你们在一起之后你会变成什么样。故事要非常有吸引力。

🔑 大部分男人的性爱流程非常常规,但有技巧的男人从来不会遵循任何常规流程。你可以用你的话语、嘴唇、舌头和双手与她身体的每一寸肌肤做爱。好男人不会仅仅关注女人的乳房和生殖器。

🔑 做爱后,好男人会握住女人的手,这是女人巨大愉悦的来源。即使你很想要睡觉,也要握住她的手。这样并不费事,却有很大的作用,会让你成为她最棒的爱人。

如果你这样做，你就是笨男人

🔒 你不去探索女人的身体，也不关注女人性兴奋的信号。

🔒 你认为性爱和色情电影一样。

🔒 你忽视阴蒂。

🔒 你不花时间唤醒她的身体，帮助她达到性兴奋。

🔒 你认为每个女人都是一样的，并且和所有女人都按照同样的流程做爱。

🔒 你没有在卧室以外的地方表现出你对她的喜爱。

🔒 做爱后你没有握住她的手。

THE
MAN'S
GUIDE
TO   第五部分

            相处之道
WOMEN

冲突总是会发生，
即使你们的关系非常完美。

The Man's Guide
to Women

10

学着像女孩一样争吵
理解女人和冲突的关系

当你们约会了几周之后，双方开始变得熟悉，相处也变得舒适起来。这时，你可能会突然经历一次像坐过山车一样惊心动魄的体验。这种体验在任何伴侣关系中都很常见，因为冲突是不可避免的。我们在之前的章节中就谈到过，在一段伴侣关系中，男人想要的，除了更多的性，还有更少的争吵。相信我们，更多的性和更少的争吵两者是紧密联系在一起的。尽管人们可以选择相信所谓的"床头吵架床尾和"，但是争吵确实会降低女人的性欲。男人也一样。好消息是，你可以学会如何减少争吵，如何更快地解决冲突。更令人高兴的是，只要你学会了这一点，就能得到更多的性爱。

你需要重点记住的是，如果女人生气或感到沮丧，或者觉得你不听她说话、不理解她、不在乎她的感受，那么她都不会和你做爱。无论这些情绪是不是你造成的，她都不会和你做爱。当她生气或悲伤时，你既不能欺负她，也不能与她理论。你是无法解决她悲伤的这个问题的。在这种情况下，你也无法运用你的逻辑推理和谈判技巧，虽然这些或许在办公室和运动场上很有用，你也可以和同你一起打扑克的男人理性沟通，但是，这些在你的女人面前都没有用。如果你能事先接受这一点，你们双方就能避免很多令人头疼的麻烦。

当冲突发生时，女人唯一需要的是一个优秀的倾听者。在冲突面前，女人的目标就是希望伴侣，也就是你，可以更好地理解她，解决问题是次要的，而对于男人而言，解决问题才是首要目标。男人解决问题时喜欢像美军攻占伊拉克一样，采取大规模打击震慑策略。这一点和他们的祖先没什么不同。原始男人在猎捕野牛、攻击相邻部落、教训其他试图靠近他们的洞穴和女人的原始人时，都善于使用大规模打击震慑策略。

如果你想要和你的女人解决冲突，这种震慑策略恐怕没什么用。

女人愤怒的导火索

冲突的发生没有节奏，甚至都不需要有原因。心理学家保罗·埃克曼（Paul Ekman）认为，冲突是"令人遗憾的事件"。这些事件在所有的伴侣关系中都无法避免。即使你们是全世界最开心快乐的伴侣，冲突也依然会发生。

在大部分情况下，这些令人遗憾的事件是如何发生的呢？冲突是关于家庭的，还是关于性的呢？研究表明，大部分冲突的发生都是毫无来由的。没错，大部分冲突的产生都没有什么特定的原因。尽管与目前流行的理论相反，大部分男女对愤怒的感受确实并没有什么不同。马萨诸塞大学安姆斯特分校（University of Massachusetts Amherst）的研究人员詹姆斯·埃夫里尔（James Averill）做了一项实验。他要求参与实验的男女用日记记录下自己感受到愤怒的时刻，结果发现男女在愤怒面前的感受并没有显著区别。[1]

鲍勃，这就是我们所说的。你不能每当崔拉提出一个难题时，就在那儿装死。"

© CartoonStook.com

尽管男女对愤怒的感受没有区别，但是研究表明，男女管理愤怒情绪的方式是不同的，尤其是男人。田纳西大学的桑德拉·托马斯（Sandra

Thomas）领导了第一个测量普通女人日常愤怒的大规模综合性实证研究，即"女性愤怒研究"。研究表明，女人的愤怒来源可以分为三类：感到无能为力、感到不公以及感到他人的不负责任。[2]

所以，如果你不倾听你的伴侣或者不愿意放弃对她的控制，那她都会变得愤怒。因为这时，她会产生无能为力的感觉。如果在决策过程中，你没有把她当作平等的主体对待，或者你辜负了她的信任，那么她就会感到不公平，然后就会变得愤怒。如果你在家庭中不能承担应尽的义务或者答应出现的时候却消失不见，那么你就是对他人不负责任，她也会感到愤怒。

纽约圣约翰大学心理系主任雷蒙德·迪玖斯皮（Raymond DiGiuseppe）就愤怒问题调查过 1 300 名志愿者。他发现，男女在产生愤怒情绪的频率上没有区别，但是在感受和表达愤怒情绪上有所差别。研究结果还显示，男人愤怒时更容易采用身体攻击、被动攻击和报复的方式来处理愤怒；女人愤怒的时间则会比较长，但是较少会直接发泄出来，所以会比男性更多地感受到愤怒情绪。女人倾向于间接地表达愤怒，因此，如果女人生你的气，那么她们不太可能直接冲你嚷嚷，而是更有可能沉默。当然，你的伴侣也有可能不这样。

所以，当你的伴侣不再理你的时候，除了这个再明显不过的事实，你如何才能知道她什么时候生气？当女人生气时，优秀的男人应该做什么呢？

别被"末日四骑士"打败

我们将告诉你在爱情实验室里发现的两个秘密。第一，当发生冲突时，与女人相比，男人其实更加容易被情绪淹没，也更容易被情绪所打败。第二，一旦被情绪所淹没，只有能够冷静下来的男人才能减少应对情绪时所产生的批评、蔑视、防御和冷战。这 4 种行为我们称之为一段伴侣关系中的"末日四骑士"。如果你使用了批评、蔑视、防御或冷战等任何一种方法升级了矛盾，那你就有 81% 的可能性会走向结束婚姻的道路。

想象你和你的梦中情人结束了一天漫长的工作，回到了家。她想要和你聊天，而你想要看电视。你想要打开电视或者游戏机，她却想要告诉你她的同事把她在一个大项目上的好点子据为己有。这时，她还没有生你的气，她在生她同事的气。或许她感到无力改变工作上的状况，抑或她觉得很不公平。这时，女人常见的 3 种生气原因，她占了俩。

你并没有听她说话。虽然你关心她，可是你也非常疲惫。你自己也辛苦工作了一整天，现在只想小憩放松一下，这样你才有精力应付明天的生活。这时，你会听见她说："你不听我说话。"大部分男人把这句话看作批评，而没有意识到这意味着伴侣需要你的注意力并想和你建立联结。如果你忽视了这句话，那么很快她就会说："你从来不听我说话。"这就是批评了。

如果你无意识地受到"末日四骑士"的影响，你可能就会忽视这个批评，并且希望对话赶快结束，这时"末日四骑士"中的一个就在影响你，即冷战。或者，你会继续看电视，嘴上却说："我在听！"但其实你在防御。

又或者你的回应是："我不想听，因为你每天都在抱怨同样的事。如果每个人对你都那么坏，你为什么不干脆辞职呢？"或者："你总是这么消极。"（批评）又或者："我不想听，因为你总是抱怨，毫无理智。"

上面这段对话听起来耳熟吗？任何一种应对方式都会加剧冲突。如果你的目标是减少冲突，那你就要避免使用批评、蔑视、防御或冷战等方法去回应她。因为这样只会带来更大的冲突，让你产生更强烈的自我挫败感。

然而，当男人被情绪所淹没时，他们自然而然地就会使用以上的4种回应方法。但在这个场景下，女人想要的却是理解。她想要一个可以倾听她、同情她的遭遇，并且可以和她协调情绪的人。

当你听到任何批评性的话语时，你会感觉像是遭到了人身攻击，所以你会立即启动防御机制，然后就被情绪所淹没。你的心率会上升，对危险会过度警觉，时刻准备好抵御攻击。此时，你处在生理防御状态。我们研究了超过3 000对伴侣，然后发现，当人们处于这种心理状态时，几乎不可能与之有效沟通。如果你的心率超过100，那么你就应该觉察到自己已经被情绪所淹没了。你的肾上腺素开始分泌，开始进入DPA状态①。此时，你会失去幽默感，不能很好地倾听，你的听力和周边视觉都会受到影响，并倾

---

① 即 Diffuse Physiological Arousal，可译为弥漫性生理唤醒，是一种先天内置于身体内的警报机制。当你进入 DPA 状态时，你会心跳加速，流向胃部和肾脏的血流会变慢，肾上腺素会升高，你会进入"战斗状态"。——编者注

向于不断自我重复，或被称为"自我总结综合征"。这些都预示着你与伴侣的情绪无法协调。

被情绪淹没是建设性对话和有效性冲突的最大敌人。通过爱情实验室的研究，我们对情绪淹没理解得更充分。情绪淹没有 3 个因素：（1）对自己受到攻击感到震惊，需要启动防御机制；（2）情绪关机；（3）丧失自我舒缓能力。我们发现，情绪淹没是导致较低程度的家庭暴力的重要因素。

当你想在一天的工作后看比赛时，她说："你从来不听我说话。"如果你是卡通人物，那么这时候你的脸应该变红，耳朵里也要冒出蒸汽。被情绪淹没就是这个感觉。你的肾上腺素飙升，直觉告诉你要进入战斗模式，或者立即抓起帽子和衣服从现场逃走。

如果你想要建立成功的伴侣关系，以上任何一种应对方法都是有害的。

那么，当你被情绪淹没时，你应该做些什么呢？即使是最睿智的男人，只要他感到被批评或者被攻击，他也会被情绪所淹没。成功的男人有 3 个简单却有效的方法来降低心率、处理情绪。第一是深呼吸。第二是从 1 数到 10。深呼吸和数数是抑制中枢神经反应或者进行自我舒缓的有效手段。深呼吸可以刺激迷走神经，进而降低心率和血压。

如果深呼吸和数数之后，你发现你还是想要在语言上甚至在身体上攻击你的伴侣，那么你应该采用第三个策略，就是休息一下。休息和逃跑有明显的区别。你不能激烈地争吵到一半，然后就把你的女人丢下不管。你必须说点什么来让她知道你离开的原因，比如"你知道吗？我现在真的很难听你讲话，所以我会在 30 分钟后回来，那样我们就可以继续聊下去"。如果你不这样说，她就会感到被你深深地伤害了，并且担心你会抛弃她，再也不回来。记住，当你处于战斗／逃跑模式以及生理唤醒状态时，你要么变成了一个逃跑机器，要么就变成了由进化所打磨的攻击武器。人类学家认为，男人，包括男性原始人，在进化过程中形成了对于危险保持警觉的特点。

男性主要负责保护部落不受捕食者和敌人的入侵。他们需要保持警觉，观察危险信号，并迅速做出回应，这些都需要男性处于持续的生理唤醒状态。保持警觉意味着需要一直处于生理激活状态，并保持焦虑。男性原始人很擅长保持焦虑和警觉，现代男性作为男性原始人的后裔，完全继承了这一特点，因为没有这一特点的男性早就在进化过程中被淘汰了。所以，尽管男性已经进化了许多，但他们在面对危险的时候，依然还会像原始人一样保持警觉和生理唤醒状态。如果你面对的是真实的危险，那么这个生理特点会非常有用；但是当你和伴侣发生冲突时，你试图保持警觉、处于唤醒状态恐怕就没有什么用了。

为什么没有用？一方面，生理唤醒状态会使你的视野变得狭窄，因为此时你身体的一系列非关键生理功能都会关闭。这些非关键生理功能包括消化食物、为肾脏和生殖器官供血、保持冷静和深思熟虑。此时，你丧失了周边视觉和听力。肝脏中储存的糖原会进入血液，并转化成葡萄糖，这样你就有能量自卫，并且保护你的家庭和部落。这种生理性适应机制非常适合战斗或者逃跑，但是不适合倾听伴侣的需求，也不利于创造性地解决问题、共情以及换个视角看问题。当面对伴侣冲突时，你应对危险的生理性适应机制只会起反作用。所以当你在冲突中完全无法共情时，你很有可能正处在 DPA 状态，被情绪所淹没。

"对你来说，这可能叫进化，但是对我来说，
这不过是在亲密关系中逃避问题。"

© CartoonStock.com

另一方面，现代女性继承了先人抚育婴儿的职能。抚育婴儿要求女性在婴儿吸吮乳头或者哭泣时，乳房可以分泌乳汁。这项生理功能要求女性要有自我舒缓的能力。女性原始人通过与亲密朋友的相互支持和联结来营造安全感，而这又在一定程度上促进了自我舒缓能力的提升。任何一名正处在哺乳期的女性都会告诉你，紧张会干扰乳汁分泌。

为了有利于平静和自我舒缓，女性，甚至是如恒河猴这样的非人类灵长动物，都会创造出一种有利于相互支持的社交氛围。这样，女人才能够哺育婴儿。恒河猴相互梳理毛发，亲近地坐在一起或者一起行走，并且对彼此的表情甚至是声音中轻微的紧张感都会非常敏感。恒河猴通过这些行为创造相互支持的社交氛围，这和男性的进化特征完全不同。这就是女性的社会支持系统比地球上任何男性的社会支持系统都要好的原因。

这些性别差异的实际作用是什么？在焦灼的冲突状态下，男人比女人更容易进入战斗／逃跑模式，而女人更善于自我舒缓，并且希望通过聊天解决冲突。这就意味着在冲突的汪洋大海中，女人可以自在地游泳而男人则会被淹死。当处于生理唤醒状态时，大部分男人会怎么做？他们会逃跑，他们会选择冷战。他们希望平静下来，希望事情不要变得更糟。不管男人如何进化，也不管射向他们的是真正的长矛还是语言的长矛，他们的生理唤醒程度都是一样的。

然而你还需要记住的是，如果女人曾经有过创伤经历，无论这种创伤是生理方面的、性方面的还是情绪方面的，她们也会同男人一样出现被情绪淹没的状况，但是她们被情绪淹没后的表现是不同的。她们会无力地看着你的眼睛，目光呆滞，看上去就好像家里没有人一样。她们身体在这里，但是情绪却完全抽离了。这是她们逃避现实、寻求安全感的方法。

这种撤退或者逃避也许在她们年轻或者脆弱的时候曾保护过她们，并降低了创伤的危害。但是，这种情绪上的"缺席"会导致她们几乎不可能解决当前的冲突状况。为了从她自己的情绪淹没中解脱出来，她也需要自我舒缓和安全感。这时对她发火只能导致事与愿违的结果。

第三个策略是休息一下，但是这个策略只在两种情况下有效：第一，你休息时不去想你如何才能和对方扯平；第二，你完全不觉得你只是个无辜的被害人。如果你休息时还带着这些念头，那你还是会处在生理唤醒以及被情绪所淹没的状态。你需要彻底地从冲突上转移注意力。

至少需要休息 20 分钟，因为情绪激素消退需要很长时间。如果过了20 分钟你还没有冷静下来，那么请回到你的伴侣身边，告诉她你需要更多一点的时间才能回应她的对话。我们的研究表明，即使是在冲突发生以后，当男人想到妻子的负面特征时，他的心率依然不会下降。

什么才能让心率下降呢？看杂志。当你被情绪淹没时，你所需要做的是分散注意力。你需要想一想别的事情，而不是去想冲突的对象和当你被情绪淹没时的对话。想一想别的事情有利于自我舒缓，并抑制中枢神经系统。想想你的高尔夫球比赛或棒球，想想英格兰也可以。总而言之，想想那些与冲突完全无关的事情，这样你才能保持头脑清醒。一些体力活动也会有所帮助，比如散步、阅读、听音乐、跑步、瑜伽或者冥想。

我们对家庭暴力的研究表明，当冲突发生时，经历家庭暴力的伴侣之间不仅没有应对冲突的"撤退方法"或者"退出机制"，而且一方还会阻止另一方从冲突中撤离。冲突发生后，伴侣之间缺乏平静下来的方法，80%的家庭暴力都是由此导致的。

如果你唯一的回应就是爆粗口，那么大家最好都休息一下。人们需要花很长的时间，才能够从尖酸刻薄的语言中恢复过来。如果不想说出令人追悔莫及的话，休息一下是很有必要的。一旦这些令人后悔的话脱口而出，对方是很难从这些话中恢复过来的。如果你是一个特别容易进入生理唤醒状态的男人，你最好在冲突没有发生的时候，就和你的伴侣讨论一下这个问题。你可以告诉她："当我处在战斗/逃跑模式的时候，我会说出很糟糕的话来。我不希望这样的事情发生，因此想做些什么来阻止它。"

你可以提前设立好一些冲突发生时的仪式性活动，这样当问题发生时，她就会明白发生了什么。聪明男人会这样做，而笨男人则只会保持原始攻击状态，僵持在冲突当中，甚至火上浇油，慢慢地看着双方的关系彻底破灭。

问题总会发生

和女人建立情感关系，甚至生活在一起，不仅仅意味着爱、激情与和谐。当女人谈论起一个话题时，大约在 40% 的时间里，男人根本不知道女人在说些什么。我们在爱情实验室里发现了这一点，同时，我们也发现了聪明男人是如何解决这个问题的。

聪明男人会察觉到，当女人痛苦时，她们不会直接表达这种痛苦，而是会采用批评的方式，即使这听起来像是对个人的攻击。但是如果男人擅长与伴侣相处，他们就会试图主动找出抱怨和批评背后的真实含义。聪明的男人会通过询问以下 3 个问题来找出女人的痛苦到底在哪里：你需要什么？你担心什么？你的感受如何？

我们发现，许多实验对象在面对冲突时，倾向于逃避冲突，这同时也是逃避自己的伴侣。你不会想要放任伴侣处在痛苦当中，而如果你逃避或者让冲突升级，那任何一个这样的事件都会变成你鞋子里一个硌脚的小石子。当小石子越积越多时，你就再也无法走路了。最终，你们将走向穷途末路。总而言之，你不能忽略对方的痛苦。

如果你的伴侣批评你、抱怨你，或者无故提起另一个你们之间的问题，实际上她是想要和你变得更亲近，或想要感觉更安全，想更加信任你。你要始终牢记，女人对男人的最大的需求就是信任。她需要确保你和她是一条船上的，而非和她对立。因此，生活中也不可能真正分清你用来陪她的时间和你自己的时间。

如果她生气了，这意味着这件事让她感到无力，或者不公平，又或者她觉得你在这段关系中没有承担起应尽的责任。有的时候，这些问题是情感上的；而有些时候，这些问题却很实际。关键是，你要信守承诺、言出必行，无论你的承诺是不出轨，还是不乱扔脏袜子。

真正的好男人明白，他需要倾听伴侣的需要、恐惧和痛苦。他不仅需要倾听对方表面上说出来的话，更要在意那些没有说出来的潜台词。是的，所有的男人都需要女人的认可。所以当女性攻击、批评他们时，他们会感觉到很受伤。每个人都会犯错，女人则往往会感觉到你犯的错。

我们在爱情实验室里还发现了这样一个小秘密：你在非冲突时间回应对方的方式以及伴侣关系的质量，是能否让女人在冲突时较少地批评你、更多地选择质疑模式的关键。在非冲突时间好好经营伴侣关系，就好像在银行存钱，这会降低冲突的发生频率和激烈程度。

男人的职责就是，在女人产生强烈情绪甚至批评意见时，克制自己回应的方式。这意味着你不能展现出攻击性，既不能羞辱她也不能批评她。这并不是要你委曲求全，一味地点头称是。这只是要求你做一个坚强的倾听者。我们说的是真的倾听对方的想法。如果有需要，就休息一下，以确保自己可以平静应对。

然后，你就可以展现出男人的一面，着手找出你的女朋友或者妻子痛苦的原因，以及你如何做才能减轻她的痛苦。这样做并不意味着你低人一等。相反，这展示了你真正的男子汉气概。你的伴侣会因此感到安全并无比地爱你，而且无论发生什么，她都会和你并肩战斗。你将会发现，这样的女人是多么迷人。

好男人备忘录

🔑 冲突总是会发生，即使你们的关系非常完美。

🔑 男人和女人生气的频率相同，但是处理愤怒的方法不同。

🔑 女人会因为 3 种原因而生气：无力、不公或者他人的不负责任。

🔑 冲突发生时，男人比女人更容易处在生理唤醒状态。这导致男人不太能够用幽默、共情或者理解的方式来解决冲突。

🔑 男人天生进化出以下特质：高度警觉、有攻击性、面对挑衅时容易采取反击模式。

🔑 你可以通过 3 种方式抑制愤怒：深呼吸、从 1 数到 10、休息放松。

🔑 如果你的伴侣批评你，实际上她也非常痛苦。你的任务是通过以下 3 个问题，找到她痛苦的根源：你的需求是什么？你担心什么？你的感受如何？

如果你这样做，你就是笨男人

🔒 你没有意识到自己处于 DPA 状态的信号，并且在面对冲突时无法自我抑制。

🔒 你认为当你感到威胁时，你应当采取攻击模式。

🔒 当面对冲突时，你选择用语言虐待或者肉体虐待来解决问题。

🔒 你忽视女人在批评和指责下隐藏的痛苦。

🔒 面对伴侣的抱怨或者问题，你用以下方法回应：忽视、批评、蔑视，或者为自己的行为辩解。

🔒 你因为自己的愤怒和过激的反应而埋怨他人。

🔒 你不能信守承诺。

11

为什么买一双鞋要花这么长时间

理解购物的进化重要性

　　尽管也有例外，但总的来说，大多数女人都很喜欢逛街。许多男人觉得女人逛街这件事非常令人沮丧，而另外一些男人则觉得女人太肤浅了。逛街是引发男女之间冲突的常见原因。不过，逛街是女性进化出来的重要生物特质。你并没有办法改变它，你也无须为此沮丧。但是，只要你能够理解女人逛街行为背后的意义，就有可能避免逛街带来的冲突。记住，你的目标是和谐，而和谐来自你对女性特质的体察，并且你要与之协调情绪。

　　人类最初是在洞穴和部落里生存的。那时候，女人负责采集食物。但是，她们无法预测这一天会摘到些什么。在许多原始部落中，部落成员都要依靠女人去外面采集食物以及抚育婴儿。女人可以采集到木材、莓果、坚果、根茎类食物以及茶叶和药材。采集活动会持续一整天。女人不停地采，四处采，希望尽可能采到最多。

公元前 8 000 年的女人压力非常大，因为采集需要非常丰富的知识。女人需要支撑起狩猎采集生产关系的一个重要部分，即采集。采集活动需要依靠其他女人的帮助，女人们并不喜欢单独行动。她们每日都会外出，但根本不能预见自己会带什么回家。她们只知道自己必须采摘到很多有用的东西，这些东西必须可以食用，而且不能有毒。整个部落都依靠女人来完成这项艰巨无比的任务。采集活动还需要很强的记忆力和关注细节的能力，这也解释了为什么女人的记忆力要比男人的好。

以上这一切和女人喜欢逛街有什么关系呢？从进化论的角度看，自然选择了具有较强细节记忆能力和采摘能力的女人。我们都是这些女人的后代。地球上的第一批女人们需要勇敢地面对荒野，还要寻找木材、食物、饮用水和药物。她们还要寻找各种物品来打扮自己、装饰屋子以及缝制保暖衣物。部落的健康发展都取决于女人的采摘技巧、记忆力和创造性。女人让部落生活更加美好。男人狩猎，女人采摘。双方都必须非常擅长自己的工作，这样大家才能共同生存。

人类早已不住在洞穴里了。可是直到今天，女人外出逛街时，她仿佛还带着当年那只用于采摘的篮子，以及为此进化出的创造性和记忆力。这样，她才能为部落带回食物、饮用水、药物，还有装饰自己、家庭和部落的各种必需品。

在百老汇戏剧《当亚当遇上夏娃》（*Defending the Caveman*）中，喜剧编辑罗布·贝克尔（Rob Becker）认为，当男人外出逛街时，他们寻找的是某一项特定的物品，如一条内裤。逛街对男人而言，更像是游戏，他设定的目标就是要找到一条内裤，并且要更为高效和果断地找到这条内裤。为了这条内裤，男人有一整套"进攻"方案：他发现需要的内裤后，就会像杀死猎物一样，果断地买下内裤，然后带回家，这样就大功告成了。

而当女人外出时，她们只是带着篮子出去看看。她肯定要给家庭带点儿什么回来，但是她无法知道她能带回点儿什么。不过她掌握了采集的技巧，所以肯定能找到点儿什么。和狩猎过程相反，采集过程更像是一个社会性事业。这与狩猎完全不同，需要的是不同的技巧。

原始采集行为需要的最重要的技巧是精确的记忆力，原始人类必须记住什么样的莓果有毒或什么样的莓果可以食用。近期的一项研究表明，女性比男性在记忆方面要更强。研究者设计了一间屋子，里面播放着一段关于囤积癖的电视节目。节目里大约有100种不同的日常物品，分别堆在地上、桌子上和角落里。然后，研究者把参与实验的男性带进屋子，让他们在里面等待。20分钟后，研究者把男性带到另一间屋子，给他们纸笔，让他们写下之前屋子里有什么物品，男人平均可以回忆起7件物品。然后，研究者又让一群女性参与同样的实验，女性平均约可以回忆起20件物品，这几乎是男性能回忆的物品数量的3倍。

女权运动兴起之初，心理学家埃莉诺·麦科比（Eleanor Maccoby）和卡罗尔·杰克林（Carol Jacklin）出版了《两性差异心理学》（*The Psychology of Sex Differences*)。这本书证明了一个重要观点：一般来说，男性和女性的共同点更多，而传统认为的男女在认知、社交和其他心理方面存在差异的刻板印象都是错误的。麦科比和杰克林回顾了许多关于男女记忆力的研究，并且得出结论：男女记忆力并没有显著差别。30 多年以后，著名女性心理学家伊丽莎白·洛夫特斯（Elizabeth Loftus）回顾了麦科比和杰克林审阅过的研究文献，而且，作为记忆力科学研究的专家，她还回顾了自《两性差异心理学》出版后发表的其他 20 多项研究。她的发现又是什么呢？她发现，女性的记忆力远胜于男性，这项优势在记忆社交场合的细节时尤为明显。

从进化论的角度看，这显然是正确的。你还记不记得我们曾经说过，女人可以记住第一次接吻的所有细节。现代女性负责家庭中85% 的采买决定。[1] 因此，女人需要有惊人的记忆力，才能够记住去哪里买东西，哪家价格比较便宜，哪里买更合适，以及林林总总的在各种购物或者采集时需要记忆的细节。"哦，这个颜色和我衣橱里的一件衣服特别配。""哦，我的儿子可以穿这条裤子。""哦，我的丈夫会喜欢这本书。"女人有能力追踪所有这些细节。

购物是一项社会活动，非常依赖与他人的关系。资深的品牌经理知道，女人更有可能会为那些和自己有关系的人和品牌花钱。[2] 当女人出去逛街时，她可能会和朋友一起，而且还可能认识她常去的那些品牌店的老板和员工。女性在购物问题上，会采取一种"关爱与协助"的方式。大部分男性并不想要和卖给自己内裤的人去讨论一些个人问题。相反，女人则会了解售货员的感情状况、家庭问题和工作理想。

女人的这种"关爱与协助"的方式会使购物的时间变得很长。但是，这也是女人吸引男人的一点，即女人具有独特的、与他人建立关系的能力。即使在购物过程中，女人也可以建立这种关系。男女的这些性别差异导致男人购物的时间会相对更短，而这种时间差则会让很多男人感到非常沮丧。

女人的时尚

更衣室

他觉得这里完全就是地狱。

© CartoonStock.com

英国研究者就购物问题调研了 2 000 名男女。研究人员发现，平均来说，当男性与伴侣逛街持续到 26 分钟的时候，他们就恨不得用衣架戳瞎自己的右眼，而且也不愿意继续在更衣室外等待。[3] 用衣架戳瞎右眼并不是研究的一部分，我们只是用这种方法来比喻男人陪女人逛街时的痛苦。

德国人创造性地在他们的商场里发明了一种叫"男士花园"（Mannergartens）的空间。这是为等候女性逛街的男性而设计的特殊空间。男人们可以在这里喝两罐啤酒，翻翻男性杂志，看看体育频道，甚至还可以玩一玩火车模型。显然，法国人也跟着有样学样，设计了类似的男性购物等候区。只不过法国人把它叫作 garderues，即托儿所的意思。你或许觉得"托儿所"这个名字有点冒犯到你了，可是你要知道，这个托儿所还卖啤酒呢。

女人逛街的意义

女人的身份永远由她的穿着和外貌来决定。女性的身份认同，或者说女性对外貌的成见，并不是从女人大脑里幻想出来的，也并非完全由纽约麦迪逊大街的时尚产业发明出来的。心理学家彼得·本特勒（Peter Bentler）和迈克尔·纽科姆（Michael Newcomb）就婚姻的成功问题做过一项长期研究。他们发现，女性的衣品，居然可以预测婚姻是否长久。[4]事实上，如果女人看起来很美丽，那么她不仅可以吸引到一个伴侣，而且还可以长久地留住他。

女人逛街的目的主要就是购买衣服、化妆品和珠宝。所有这一切都关乎外表。女性在外表上的互相竞争，就好像男性在工作或者运动上的竞争一样。女性认为自己需要不断地证明自己，因为她们在潜意识里觉得，如果自己长得不好看，就无法获得男人的爱情和承诺。她们或许都没有意识到，自己长久以来一直都在担忧无法传播和繁衍自己的基因。因此，对女性而言，逛街既是个人需要，又是传播基因的需要。如果她花更长的时间来选衣服，那么这是因为穿什么衣服对她来说是关乎生死的问题。

爱情实验室

为什么你喜欢穿高跟鞋的女人

生物人类学家海伦·费希尔说过，当女人穿上高跟鞋的时候，她其实正在模仿大部分哺乳动物的求偶姿势。高跟鞋能使女人拱起背部，撅起臀部。在动物世界里，这意味着雌性已经准备好性交了。

了解这些有什么用呢？了解这些，你就可以理解女性热爱购物背后的进化原理了，你就不太会因为你的伴侣太热衷逛街而头疼，也可以避免许多冲突。如果她喜欢逛街，不要批评她，也不要评判她。最重要的是，如果你讨厌逛街，就别和她一起去。大部分（并非全部）女人喜欢逛街；大部分（并非全部）男人不喜欢逛街。

你要接受男女之间的不同。如果你不明白逛街对于女人正面的、积极的和创造性的意义，如果你不明白热衷逛街早已由自然选择嵌入了女人的基因中，那么你就无法避免和伴侣之间在逛街这个问题上产生冲突。和女人共同生活的过程是一个面临不同挑战的过程。而面对逛街的挑战时，你是不会赢的。

男人，你要坚持住。下次你和女人去逛街的时候，带本书或带着手机。你可以抓紧时间回复一下邮件，还可以找个地方休息一下，祈祷她能够给你买些好东西。没有人希望吃有毒的野果子并中毒身亡，所以就让你的女人练习一下采集技巧吧。

好男人备忘录

🔑 逛街根植于女人的基因里。自从远古时代开始，女人就需要成为采集好手，生命也因此得以延续。

🔑 大部分（并非所有）女人喜欢逛街。逛街是展示她们创造性和积极性的一种方式，更是一种社交体验。

🔑 女人负责一个家庭里 85% 的采购决定。

🔑 逛街需要敏锐的记忆力。女人的记忆力比男人的要好。

🔑 男人逛街的方式和他们祖先狩猎的方式一样。他们靠近猎物，一击即中，然后带着猎物离开。而女人通过逛街与他人建立联结，并建立人际关系。

🔑 如果你讨厌逛街，那就不要去。

🔑 研究表明，女人的衣品是预测婚姻成功与否的长期指标。

🔑 如果她花很长时间买鞋子，特别是高跟鞋，你也不要抱怨。在这一点上，你要相信我们。

如果你这样做，你就是笨男人

🔒 你不理解女人和逛街之间的关系。

🔒 你批评或者评判她逛街的行为。

🔒 你认为她逛街的方式应该和你的一样，即看中后立刻买了就走。

🔒 你批评她买的东西，或者批评她的外表。

🔒 你讨厌逛街，但是勉强和她逛很长时间，导致她更难受。

🔒 你认为所有女人都喜欢逛街。但同样是逛街，每个女人的态度也都不一样。

12

永远的好朋友
理解女人和闺蜜的友谊

　　如果你和一个女人建立了严肃的伴侣关系，那么你也会和她的好友建立同样的关系。祈祷她们会喜欢你。因为如果她们不喜欢你，那你的日子可就不好过了。毫无疑问，女人特别擅长经营这种亲密的友谊关系，而大部分男人却很少有这样的体验。男人当然有朋友，甚至有特别要好的朋友，但是男人的友谊很少与女人有关。男人之间不会悄悄耳语，不会亲密地相互依偎，更不会手拉手在街上走路。尽管在很多地方，他们也会这样做。男人不会称呼自己的好朋友为宝贝或甜心。尽管男人之间也会拥抱，但是总的来说，男人不太会像女人那样直接用亲密举动来表达喜爱。虽然不是所有女人都和朋友有这样亲密的互动关系，但是总的来说，女性友谊更有可能是这种模式。我们要承认，有时候，即使最大度的男人也会有点嫉妒伴侣和她闺蜜之间的关系。更坦白点说，男人可能还会感到有点儿受到威胁。

幽默作家戴维·巴里（Dave Barry）开玩笑地谈到过他们夫妻俩和另一对夫妻之间的年度聚会。女人们会一起出门，男人们则待在家。他们一起看季后赛，其间会交谈一下，然后叫个比萨外卖。他们只有一起吃比萨的时候，才会偶尔带点情绪地聊一聊。直到有一次，在他们回家的车上，他的妻子对他说："哈里去年截肢了，但是他适应得可真是好啊！"巴里完全不知道妻子在说什么，因为实际上，哈里根本没有谈到自己截肢的事情。所以他只能假装自己和哈里就截肢的问题长谈过。

> 女人们到底在聊什么？
>
> 她们为什么要成群结队地一起旅行？
>
> 她们为什么如此需要对方？
>
> 她们为什么要一起去上厕所？即使其中一个完全不想上厕所。

事实上，女人从闺蜜那里可以获得一些从你这里得不到的情感依赖。或许你可以每日每夜都尝试和你的伴侣做情绪协调，这无疑对你们的关系很有帮助。但是女人仍然需要其他女性的陪伴与支持，而她从你那里得不到这种陪伴与支持。这对她也非常重要。你也希望你的伴侣能够开心、充实并且对自己的人生满意。因此，她需要其他女人的社会支持。就是这样。

同时，这对她的健康也非常重要。2006 年，《临床肿瘤学》（*Journal of Clinical Oncology*）发表了一项关于 3 000 名罹患乳腺癌的护士的社交网络分析报告。[1]没有什么朋友的女性，或者是与社交隔绝的女性，其死于乳腺癌的概率比有亲密朋友的女性高 1 倍；这些女性较早死亡的概率也比其他女性高 66%。同样是患有乳腺癌的女性，如果她们有超过 10 个的朋友，那么她们的生存概率会增加 3 倍。友谊对于患乳腺癌的妇女的生存率有十分重要的影响，这种影响甚至比配偶的作用还重要。研究显示，配偶对于癌症生存率没有什么有益的影响。

令人惊讶的是，男人与此完全相反，男人需要女人才能活下去。

加州大学伯克利分校的心理学家莱恩·塞姆（Len Syme）和他的学生莉萨·伯克曼（Lisa Berkman）想要知道，当考虑到影响人类健康的全部因素时，什么因素可以预测人们是否长寿。塞姆和伯克曼设计了著名的阿拉梅达县实验，该实验涉及 9 000 名参与者。首先，他们测量了影响人们生存的各项因素。他们在 9 年后回访了这些受试者，看看他们中的哪些人依然健康，而哪些人已经去世。[2] 因为社会科学家可以获得非常准确的死亡信息，所以这项实验收集的信息是很可靠的。

塞姆和伯克曼的研究结果非常令人吃惊。他们发现，决定人们长寿或早逝的因素，并不是胆固醇、锻炼或者饮食，而是人际关系的质量。对于男人而言，是否会早逝取决于他们是否结婚；而对于女人而言，这取决于她们和其他女性的友谊。随后，密歇根大学的洛伊丝·韦布吕热（Lois Verbrugge）也发现，婚姻质量的高低决定了男性和女性是否长寿。

所以，如果你想要活得更长一些，请维系好你和伴侣之间的关系。如果你希望你的伴侣活得更长久一些，请鼓励她好好维系与闺蜜的友谊。

表面上看你是在帮助她。实际上，你可能是在拯救你自己。

关爱与协助

女性之间的友谊有着进化论的基础。在狩猎采集时代，女性的生存取决于她们和部落之间的关系。女性和其他女性的关系，决定了她个人的安全和健康以及她孩子的社会地位。她能够维持的社会关系越多，她孩子的地位就越高。

与部落里其他成员的友好关系让女性和她的后代不再显得那么脆弱。因此，女人有义务编织起强大的社会网络。这意味着她可以分享到更多的资源。如果你是个猎人，但是没打到任何猎物回家，那么此时，你伴侣的社会网络越大，你能吃上饭的可能性也就越大。

这种女性的联盟关系在各种社会组织中都有非常重要的作用。事实上，在某些猕猴群落中，公猴子的社会地位和权力是由它的母亲决定的。母猴子决定了这个群落的社会阶层。因此，进化生物学认为，女性应当比男性进化出更强的依附和联盟关系。

今天，你同样可以看到类似的情况。女性会组织大家去探望新生儿的妈妈，并且为其带去食物；或者她们也会组织大家照顾服丧的人。早在史前时代，女人就有能力组织社会支持系统。今天，她们仍然具有这种能力。

© CartoonStock.com

雌性灵长类动物组成亲密群体的另一个目的就是，帮助防御大型食肉动物以及其他雄性灵长类动物的威胁，从而能够生存下去。因此，雌性灵长类动物花很多时间在一起互相梳理毛发、强化社交网络，进而确保安全。[3] 在灵长类动物当中，某个雌性个体被其他雌性梳理毛发的次数显示了该雌性灵长类动物的社会地位，也可以预测它被大型食肉动物攻击的可能性。[4] 它联结的其他雌性越多，接受到的帮助也就越多。尽管在现代的美发沙龙中不太可能有大型食肉动物了，但女性依然会选择一起做指甲和做头发。虽然我们无法将这种行为与灵长类动物的梳理毛发行为直接类比，但是背后的道理是非常相似的。女性相互帮助、相互联结，即使这没有直接对她们的生理生存起到帮助作用，但这对她们的心理生存仍然是有必要的。

加州大学伯克利分校的研究人员谢利·泰勒（Shelly Taylor）认为，当面对压力时，男性会采取战斗 / 逃跑模式，而女性则会采取"关爱与协助"模式。这种关爱和协助会刺激催产素的分泌，从而降低女性的压力应激反应。[5] 所以，当女性沮丧时，她会转而照顾其他女性朋友。这背后有着生物化学的原因。换句话说，你不要试图战斗，也不要试图质疑女性的行为，只要试着支持她就好了。"宝贝，我当然可以照看孩子，你可以放心和朋友出去。"每个人都需要有和朋友共处的时光。对女性而言，这种时光更具有进化和生物学上的必要性。

她们到底在聊些什么

你一定看过她和朋友在一起时的样子。她们凑成一团，叽叽喳喳地聊天；你也一定看过她们打电话聊天时的样子；你看到她们一起去上厕所，但其实还是在聊天。她们到底在聊些什么呢？聊每一件事。女人就是依靠聊天来建立社会支持的。而男人并不需要。

巴纳德学院（Barnard College）的社会学家米拉·科马罗夫斯基（Mirra Komarovsky）在研究蓝领工人的婚姻时发现，对大部分男人而言，妻子是他们唯一可以倾吐秘密的密友。[6]他们唯一不会和妻子谈的，就是工作上的压力。相反，女人有很多内容都不会和丈夫倾诉。或许你把妻子当作你的主要社会支持系统，而她则有一个更为广泛和复杂的社交网络。她的社交网络可以支持她，分享资源给她，帮助她承担责任，保护她免受大型肉食动物的侵害。必要的时候，还可以帮她梳理毛发。

女人和她闺蜜的关系简直太棒了。

现在你可能感到有点失落。你费力去和她做情绪协调，学会倾听她、同情她、理解她、关注她，你努力倾听她的痛苦，并抑制双方的冲突。你费了这么大劲，为什么她还需要朋友那么多的时间和关注？

答案就是，即使是再好的伴侣关系，也不可能满足一个女人的全部需要。对你来说，友谊和爱情一样重要。而对女人来说，与其他女人的友谊和与你的爱情一样重要。

密歇根大学的研究人员洛伊丝·韦布吕热发现，婚姻关系对于男女双方的健康有促进作用。不过对女性而言，只有快乐的婚姻关系才能有助于女性的身体健康；对男性而言，即便他们的婚姻不快乐，他们也可以从中获益。当然，如果婚姻快乐的话，他们得到的益处会更多。[7]那么你要做些什么来确保她在情感关系中过得很快乐呢？这整本书都在告诉你这一点，告诉你女人想要什么、需要什么。好消息就是，你不需要独自一个人承担所有的任务、满足女人的所有需要。

当她有需要时，闺蜜可以倾听她的心声。因此，闺蜜不仅帮助了她，实际上也帮助了你。闺蜜也可以帮助她处理随时产生的各种强烈情绪。她们也为她提供意见，并帮助她决策，还会厘清她的感受和需要。

好男人不会因此感到威胁，他也不会憎恨她的闺蜜们，当然也不会试图监控她和谁在一起。我们关于家庭暴力的研究表明，某些暴力的男人，常常会嫉妒伴侣的闺蜜。当这些男人感到有威胁时，他们会试图限制和控制伴侣的社会交往，并且试图将她与其他朋友隔离开来。

🔑 **爱情实验室**

男闺蜜

如果你的伴侣有许多男闺蜜，又或者更糟糕的是，她有一个非常亲密的男闺蜜，那么这对你来说就是个大问题了。因为你自己就经常会想到性爱，所以你觉得那个男性朋友也会常常想到性爱，并且是想和你的伴侣发生关系。坦白点说，你嫉妒她的男闺蜜。你会怀疑，他是不是有一个秘密的计划？这个计划是不是包括和她上床？或许有，又或许没有。男人和女人可以成为朋友，他们甚至可以成为好朋友。当女人开始向自己的男闺蜜抱怨自己的亲密关系时，友谊就很有可能发展成外遇。如果你觉得有必要，你可以明确要求你的伴侣不要和她的男性友人讨论你们之间的任何问题，而是应该直接来和你谈。

如果你发现你开始嫉妒她的好朋友，你要告诉她你的感受。你可以告诉她你很想念她，希望有更多和她相处的时间。你也不要为此而生气。大部分女人理解情绪联结的重要性，所以如果你想要和她有更多的联结，她也会理解的。爱的能力是无上限的。因此，她既可以爱你，也可以爱她的朋友们。

如果你的伴侣没有太多的女性朋友，这说明她或许曾经被女性朋友伤害过，不信任女人，或者只是不太常有机会和其他女性见面。你要鼓励她走出去，多多和他人交往，并且找到合适的女性朋友圈。这是她幸福和健康的重要来源，而且这也能保证你们的长期健康关系。闺蜜之间的友谊非常有力量。

不要害怕，不要忽略，更不要试图干扰女性的友谊。千万要相信这一点。如果你还不明白的话，打个电话给你的男性朋友，一起出来吃个饭，聊一聊这件事。不只女人需要好朋友，或许你也需要拓展一下你的男性朋友圈。

好男人备忘录

- 相比男性而言，女性之间的社交联结更加紧密。

- 女性都有自己的社交团体，用于保证自己和后代的生存。

- "关爱与协助"模式会促进催产素分泌，降低压力水平。

- 女性的朋友越多，她就越健康，也会活得更久。

- 没有朋友的女性早逝的可能性会增加 66%。

- 男人主要寻求妻子的社会支持，女人则会寻求闺蜜的社会支持。

- 有家庭暴力倾向的男子会试图控制或者限制伴侣的社会联络。

- 伴侣的闺蜜既是在支持她，也是在支持你。

- 如果你的伴侣没有什么女性朋友，那么你要鼓励她开拓朋友圈。

- 女性能维系很多友谊，并建立联结。她们有无限的能力去爱。

如果你这样做，你就是笨男人

🔒 你抱怨伴侣的女性友谊。

🔒 你嫉妒她的朋友。

🔒 你试图限制或者控制她交朋友。

🔒 你批评她的朋友，或者对她的朋友品头论足。

🔒 你忽视她对女性友谊的需要。

🔒 你认为她的男闺蜜都很坏。

🔒 你没有朋友。

THE
MAN'S
GUIDE
TO

第六部分

共度一生

WOMEN

如果你约会的不是那个"正确"的人，
那么没有任何技巧可以弥补你和她的关系。

13

她是不是你的唯一
理解女人和承诺

一生挚爱不仅需要一副好身材，

还需要你的全心投入。

——爱比克泰德（Epictetus）

或许你常常听到那些婚姻幸福的男士说，他们第一眼见到自己的妻子，就知道她是自己此生的唯一。有的男人被女人的微笑吸引，有的男人则迷上女人的气味，而有些男人就是觉得感觉对了，好像"回家"了。戈特曼说，朱莉并不是他见过最美的女人，也不是最有钱的，和朱莉的相处也不是完全没有冲突。但是朱莉身上有一种难以描述的特殊品质。她是自己约会的所有女人中最与众不同的那个。这种不同让他深深确信，她就是他此生的挚爱。蕾切尔的丈夫也说："蕾切尔的笑容最吸引我。我还没有看见她的脸呢，就听见她的笑了。这听起来很奇怪，但是确实是她的笑声吸引了我。她的笑声里充满了愉悦和自由。她一笑，我就立刻感受到了。即使到现在为止已经过去 30 年了，我依然为她脸上的法令纹感到自豪。这都是为我笑出来的。"

"我们的第一次约会简直太棒了，我希望把我的社交状态改成'处于深刻而有意义的亲密关系中'，我希望你对此不要介意。"

© CartoonStock.com

　　这并不意味着你看到某人的一瞬间，你就可以知道能否和她携手看夕阳，并幸福到永远。你们还是需要时间互相了解，你依然需要经历爱情的各个阶段。当对方让你烦恼时，你也会有各种情绪起伏。这就是亲密关系。不论是通过她的笑声还是和她三四年的约会经历，你最终都会知道这个女人是不是你此生的唯一。你不能强迫自己与她厮守终生。

在爱情实验室里，我们可以教会伴侣们交流的技巧，教会他们如何处理冲突、如何表达爱情和情绪以及如何应对争斗。但是，如果你约会的不是那个"正确"的人，那么没有任何技巧可以弥补你和她的关系。我们已经有超过40年伴侣咨询的经验，因此我们相信，不是谁都可以和你共度一生的。

与流行的观点和传统的性别刻板印象相反，男人和女人一样渴望承诺。有时候，男人要花很长时间才能意识到这一点；有时候他们则会为此感到矛盾，因为他们潜意识里觉得这和进化论相冲突。但是研究表明，男人实际上和女人一样，希望找到自己此生的唯一。

可有的女人则不是这样。

不是所有女人都想要白篱笆围绕的大房子和2个孩子，也不是都想在第一次约会后就试图催促你做出承诺并且诱惑你进入婚姻。这只是关于女人陈旧过时的刻板印象而已。现代女性是有选择权的，而且有非常多的选择。过去的100年以来，男女的社会角色发生了巨大的变化。同样，不是所有男人都是花花公子，想要和尽可能多的女人上床，并永远不结婚，而且死之前依然和别人一夜风流。研究显示，男人和女人一样想要有意义的、认真承诺的长期关系。

爱情的三个阶段

在之前的章节里，我们谈到过爱情的第一个阶段，即迷恋期。在迷恋期，你会持续分泌出催产素、多巴胺、苯乙胺、睾酮、孕酮、血清素和脱氢异雄酮，整个人体内的化学激素完全处于混乱状态。你会不眠不休地想着你的爱人。你会极度兴奋，从头到脚都沉浸在爱情当中。你也会发现自己在做一些疯狂的事情。同样，你喜爱的那个女人也会经历同样的激素大波动。即使你与 100 个女孩儿约会，可能也找不到这种迷恋的开关一下子被打开的感觉。但很有可能的是，当第 101 个女孩儿出现时，她闻起来也对，看起来也对，总之她的一切都恰好迷住了你。这时，你会立即陷入迷恋期。

迷恋期驱动我们彼此联结、依恋，进而交配。进化才不会考虑对方是不是好人。进化只会促使你找到合适的人，繁衍出带有最佳基因的后代。迷恋期的感觉非常迷人，但是这种迷人的感觉只在你和她彼此迷恋的时候才会发生。如果你迷恋上了她，但对方却只把你当朋友，那么你可能会非常崩溃。但对此你并没有什么好办法，尽管你会尝试努力追求对方，但这只会使你更加困扰。如果她在迷恋期，而你不在，她可能也会感到非常烦恼和痛苦。单恋会让男女都变得痴迷且易受操控，甚至有可能疯狂地躲在对方屋子外的草丛里观察对方。这种使你产生迷恋感觉的化学物质非常具有选择性。但当你们互相迷恋对方的时候，这种感觉便会棒极了。

然而，当你们都处在迷恋期的时候，并不适合决定你们是否可以在未来长相厮守。你也不要因为觉得她是你此生的唯一，就冲动地去拉斯维加斯随便找个教堂结婚。这并不是一个好时机。爱情确实很美妙，可催产素减弱了你的恐惧反应。这时，即使有闪烁的红灯警报响起，或者有大霓虹灯写着"前方弯道危险"，催产素也会让你盲目地相信对方。

　　并不是世界上每个地方的人都会感受到爱情的迷恋期，尤其是一些有包办婚姻传统的地区。然而，即使是在包办婚姻的文化中，人类学家发现，择偶的过程也是有某种选择因素的。印度的两个家庭或许可以安排儿女单独相亲，但是，如果女人不喜欢对方，她可以选择穿黄色的沙丽①，而非蓝色的。同样，男方也有一些暗示的信号。如果双方都不满意，两家人就会将此归咎于星象不和，然后停止相亲。接着，家长会再安排另外一次相亲。对于想要找到终身伴侣的人而言，迷恋期既非充分条件也非必要条件。

　　在爱情的第二个阶段，你开始从激素驱动的爱情狂喜中冷静下来，疑惑也开始变得清晰，你会看到你之前忽略的警报。第二个阶段的关键在于建立信任。这个阶段通常发生在一段长期关系的头几年，当你们计划住在一起的时候。这个阶段的进化驱动力量是生殖动力。进化生物学驱使你在第一个阶段寻找最适合交配的基因，在第二个阶段寻找能够帮助你繁衍和照料后代的人，不论你是否有生育计划，生物学才不管你是怎么想的呢。

　　你需要的其实就是信任。当男人有需要的时候，女人会为他考虑吗？当女人有需要的时候呢？在爱情的第二个阶段，之前对方吸引你的特质反而会变成让你讨厌或者需要慎重考虑的因素。你因为她很害羞而爱上她，然而现在你希望她可以外向一点，有更多的个人追求；她爱上你每周日雷打不动地和兄弟们踢足球，然而现在她在想，如果某个周日她希望你陪她那该怎么办。在爱情的第二个阶段，所有争议的核心就在于信任。实际上

---

① 印度妇女的一种传统服饰。——编者注

困扰你们的问题只有一个：当我需要你的时候，你会准备好帮助我吗？这看上去也包括很多其他问题：你会对我忠诚吗？我生病的时候，你会照顾我吗？我对你来说到底有多重要？我能相信你是一个言出必行、信守承诺的人吗？这些问题和争议都是在为生育做准备。因为即使是史前时代，也没有穴居女人希望坐在洞穴里，不停地担忧自己的男人会不会给自己和家人带回食物；也没有穴居男人希望打了一天猎之后回到洞穴里，发现有别的男人在照料自家的火堆。

第二个阶段是建立信任，而第三个阶段则是要建立忠诚。当你处于爱情的第三个阶段时，你选择了做出严肃的承诺，你知道对方就是你想要寻找的女人。这个决定非常了不起，但同时也意味着你会变得脆弱，并容易受到伤害。在这个阶段，你选择了和你的伴侣携手走进兔子洞，共同开启一段奇妙的旅程。你承诺要给对方幸福，就好像你要让自己幸福一样。承诺的力量非常强大，并且是双向的。爱情的每个阶段都是选择性的。要想成功地进入第三个阶段，你们双方都必须承诺彼此为对方的唯一，并能够为彼此牺牲。如果你并不想要单偶制的生活，那么你很有可能又会迷恋上另外一个人，重新体验爱情的第一个阶段。进入第三个阶段后，当你达到高潮或者互相表达喜爱时，你依然会体会到催产素的作用。这时，催产素的分泌会强化你们之间的联结。然而，其他激素的分泌也会大幅地减少。在第二个阶段，任何单偶制以外的关系都会对你进入第三个阶段造成威胁，那些与浪漫爱情有关的激素和化学物质都是高度选择性的。

有些伴侣从来没有经历过爱的各个阶段，甚至在连迷恋期也没有体验过的情况下，就选择了相互承诺并且步入婚姻。研究发现，这些从来没有感觉自己"坠入爱河"的伴侣总是怀疑自己的人生选择是否正确，并且总是觉得自己的伴侣关系中缺了些什么。

经过了完整三个阶段的伴侣，常常会觉得自己的伴侣关系具有某种特殊的意义，因为他们共同创造了超越自我的某些事情。当谈到他们相识、相知、相爱的故事时，这些人常常会表达出浓烈的爱意。他们在一起非常安心，并且能够相互吐露心声。他们创造了生命的共同意义。他们相互信任、彼此忠诚。信任和忠诚是彼此承诺的标志。如果女人想要承诺，那么她想要的就是信任和忠诚。如果你想要承诺，你也应该寻找能够给你信任和忠诚的女人。

当然，并不是所有的承诺最终都会走向白头偕老的婚姻。但是研究显示，男人结婚后，他们会更加快乐、健康、长寿，并且能赚更多的钱。我们并不是要你把结婚当作一项预防医学措施。但是，个人经验和实证研究都告诉我们，如果你能在第三个阶段和一个女人建立起深刻的承诺关系，那么你在各方面都会非常满意。对于同性恋男子而言，与男性建立起这样的关系也可能得到同样的好处。只有当男人找到真正的伴侣时，他才能成为最好的自己。

当你放弃一夜风流时，你究竟可以得到些什么呢？只要你愿意努力，你就可以得到一生的挚爱和幸福。不多不少。

我如何才能确定呢

爱和承诺有时很微妙。我们谈到过爱情三个阶段的物理构造，但是实际上的感觉是怎样的呢？你如何才能知道她就是你的唯一呢？

整个地球上，可能有超过 10 000 名女性可以和你愉快地共度一生。所以，并没有什么"唯一"，只有很多"可能的唯一"。我们在爱情实验室里花了数十年研究了真实伴侣的真实生活。我们发现，如果她让你感到不安全、自我感觉不好、没有吸引力和欲望，或者感到被拒绝，又或者就是不太好，那么她就不是你此生的唯一。如果她让你感到充满欲望、有吸引力、风趣，总之就是棒极了，那么她就是你许多个"可能的唯一"中的一个。如果你能让她产生同样的感受，你也就是她的唯一。你要记住这一点。如果和她在一起的时候，你感觉好像"回家"了，那么这说明她就是你的唯一。

当你找到那个合适的人时，你会感到非常舒适放松，好像躺在一张专门为你定制的温暖的床上一样。如果你们每次在一起都感觉非常消极，好像躺在一张冰冷刺痒的床单上，那她就不是你要找的那个人。好的伴侣关系不会只让你产生负面感受。当然，在你们相处和适应的过程中，总会有冲突。但是，当你找到合适的女人时，你会感到你变成了更好的自己，你会更加有活力、更愉悦并充满闯劲儿。如果这段关系不合适，那么你就会感觉到愤怒、无助，还有可能滥用药物。你会觉得自己糟透了。

人们最常见的误解就是，你们需要完全兼容，各方面都很相似才是最佳伴侣。最好你们有同样的习惯、喜好甚至人生观。但我们的研究显示，相同的兴趣爱好是最不重要的一个因素。更重要的是，你们在一起时的感觉怎么样？你们或许都喜欢划小船，但是在整个划船的过程中都在吵架，那么你们是否有划船这一共同爱好就无关紧要了。

你们不可能完全相似。这也是一件好事。男女双方需要从他们的不同之处相互学习。但是有一些相同之处也很重要，这就是你们的感觉。你们对愤怒、悲伤、恐惧和喜悦的感受相同吗？你们如何表达亲密与爱？如果你们的感觉不同，那么这会给你们带来许多麻烦。你们需要花更多的努力才能维护好这段关系。

我们称此为元情绪不匹配。如果你们其中的一个人试图回避感情表达和冲突，又或者在表达感情时感到不舒服，而另一个人则比较反复无常且情绪比较强烈，那么你们之间就会有很多麻烦。如果你们的元情绪不匹配，伴侣的一方就会觉得对方太过步步紧逼，而另一方则会觉得对方太过冷漠。这种组合很难成功，尤其是在亲密关系领域。

爱是一种情感需要。如果你成长在一个不太会互相表达爱意或者感情的家庭中，而她非常喜欢抚摸和亲密的互动，这就会给你们的亲密关系带来问题，你们需要解决它。如果你们感受和表达愤怒、悲伤和恐惧的方式不同，这同样也会给你们的关系带来问题。

唯一真正决定她是不是你终身伴侣的因素就是孩子。但是，如果她对孩子的观点和你完全相反，例如一个想要孩子而另一个不想要，那么她就不太可能成为你的终身伴侣。

承诺让你活得更久

如果你和大部分男人一样，你就会觉得你可以通过健康饮食、合理运动和控制体重来实现长寿的目标。但是研究表明，花时间与亲近的人建立情感联结，尤其是与你的伴侣建立联结，才是保证健康长寿的秘诀。良好的亲密关系是最佳的利己行为。

有趣的是，婚姻，而非同居，可以在健康长寿方面为你带来最多的好处。或许你会认为"婚姻只是一张纸而已，我不需要这张纸来替我承诺"，但科学研究可不是这么认为的。要证明这一点，我们需要研究那些选择同居的人和选择结婚的人。研究表明，我们可以通过高中成绩预测谁会同居或谁会结婚。选择同居的这群人，他们高中时的成绩通常比较差，也会有更多其他问题，如更有可能酗酒、滥交、酒驾。这些都无法让人更加健康。

在《美国伴侣》(*American Couples*)这本书中，菲利普·施瓦兹(Philip Schwartz)和菲利普·布卢姆斯坦(Philip Blumstein)研究了超过 12 000 名异性恋同居群体、同性恋伴侣和已婚伴侣。[1] 他们的研究结果令人惊讶。他们原本认为，人们同居的时间越长，就越会像已婚伴侣。但是研究结果却完全相反。伴侣的同居时间越长，他们在彼此承诺这个问题上就越不像已婚伴侣。我们所说的承诺，不仅包括性行为的忠诚，还包括当出现经济困难时同居者彼此间的支持。当有更好的人出现时，同居者也更有可能结束现有的关系。换句话说，相比已婚者，同居者的彼此承诺水平较低。

相对来说，婚姻及与此相伴的承诺可以增加一个男性 8 年的寿命。对于男人来说，有质量的承诺和亲密关系是健康长寿的关键。就健康而言，受过良好教育的女性伴侣会带来更大的益处。

过去的 40 年里，无论男女，上大学的人数都在大幅度增加。现在，大约有 70% 的高中生会在毕业后选择进入大学。研究表明，较高的教育水平和社会地位会带来更多的健康效益。在 1977 年到 1992 年，挪威的科学家开展了一项大型研究，他们跟踪调查了 20 000 名 35 岁到 56 岁的男性。该研究发现，教育，尤其是妻子有较高水平的教育对男性的心血管健康会有显著的积极影响。[2]

该研究还发现，妻子受教育水平较高的男性，其血压和胆固醇水平都较低。社会学家琳达·韦特（Linda Waite）在《婚姻案例》（*The Case for Marriage*）一书中提到，对于男性而言，婚姻之所以有特别明显的益处，是因为单身男性几乎都不太能好好照顾自己。[3]单身男性也更容易与社交活动隔绝，饮酒也会更多，也更常使用毒品。但是这一点对于女人来说完全相反，没有男人，她们反而过得更健康。

密歇根大学的心理学家詹姆斯·豪斯（James House）在《科学》（*Science*）杂志上发表了一篇研究。该研究显示，与社交活动隔绝的男性的寿命更短。[4]对于大部分男性而言，和女人结婚，意味着他们会过上更加积极健康的社会生活，因此他们会比单身时更加健康。

如果到现在你还没有任何动力去找到生命中的另一半，那么我们不知道还有什么能比健康长寿更激励你的了。

承诺是一段旅程

承诺就是渴望一段长期关系，并且会为该关系而付出努力。当你承诺时，你会说："这就是我要找的女人，这是我的旅程，这也是我的路径。"当你找到那个人时，你会珍惜她，感谢她带给你的不同。你不会将你和她的关系与你所失去的做比较。你们的关系不仅仅在于信任和忠诚，这更是一段英勇的旅程、成功者的旅程。

你决定踏上这段旅程。当然，这可能有点冒险。你认为这段关系、这个女人就是你所需要的。你发誓，无论发生什么，无论面临多大风雨，都要忠诚于这段关系。你愿意和这个女人一起开启一段人生，爱她原本的样子，并且支持她成为她想成为的那个人。

当男人做出承诺时，他就踏上了成功者的旅程。失败者的旅程是这样的："或许会出现更好的人，为什么我要急于承诺呢？"如果你找到了你的此生挚爱，那么你就要珍惜她，和她协调情绪，并给她承诺，还要永远为她着想。你会知道这样的人生是有多么美妙。

对我们而言，这段经历是非常个人的体验。我们已经走上这段旅程几十年了。生活比我们最狂野的梦还要美妙。

好男人备忘录

🔑 男人和女人一样渴望承诺。

🔑 大部分男人知道什么样的女人才是他的此生挚爱。这个女人必须天生就适合你。她闻起来很适合，感觉上很适合，并且看上去也很适合。

🔑 爱情有三个阶段，每个阶段都具有选择性。你无法与所有人都坠入爱河，也无法适应所有人。

🔑 爱情的第一个阶段，也就是迷恋期，会持续好几个月。这个时候你不适合做出厮守终身的决定。

🔑 爱情的第二个阶段的重点在于信任。你也需要知道，当问题发生时，你们是否会准备好支持对方。

🔑 爱情的第三个阶段是忠诚和承诺。

🔑 已婚男人活得更长，可以赚更多的钱，并且比选择同居而不结婚的男人要更加健康。

🔑 你不需要和你的伴侣有一样的喜好。但是，在处理冲突和表达感情和爱意的方式上你们必须能够兼容。

🔑 如果她让你自我感觉良好，那么她可能就是那个适合你的人。当你和她在一起的时候，你会感到更有活力、更勇于冒险，并且更愉悦。

🔑 找到合适的人，做出承诺，这要求你尽一切力量维护一段关系。

The Man's Guide
to Women

如果你这样做，你就是笨男人

🔒 你拒绝承诺。

🔒 你认为每个女人都是你的"此生挚爱"。

🔒 你不珍视你的承诺。

🔒 当你沮丧或者双方发生冲突的时候，你威胁要分手或者离婚。

🔒 你不能珍惜你生命中的女人。

🔒 你总是觉得会出现更好的人。

🔒 你无法为一段关系做出牺牲。

🔒 你不把亲密关系当作你的需求。

14

天生的母亲

理解女人和孩子

所有的爱都始于母爱，终于母爱。

——罗伯特·勃朗宁（Robert Browning）

约翰·奎恩（John Quinn）有个问题。他的妻子怀孕了，在加利福尼亚阿克塔的医院里待产。但是医院却不允许他进产房陪产。他告诉产科医生说："这是我妻子，我爱她。我想要进去陪她。"但是医生却不同意。医院管理人员也认为这样不安全，医院的产房不是为观众准备的，丈夫进产房陪产是不可能的。

像 20 世纪 60 年代面对不公和暴政的 23 岁大学生一样，约翰选择了抗议。他希望通过一些非暴力反抗行为获得全国性的关注。作为一个年轻的丈夫和未来的父亲，约翰做了什么呢？约翰拿了一把沉重的金属椅子，握住妻子的手，用两把沉重的挂锁将他们两个的手腕绑在椅子上。医院如果想把约翰赶出产房，那么唯一的方法就是把他们两个都赶出去。孩子即将出生，医院的员工只能打电话给警察。可是警察也无计可施。最后医生没有办法，只能让约翰待在产房，陪同他的妻子一起生产。

妻子生产后，约翰把铁锁打开，平静地走出产房。医院员工和警察已在外等候了。报纸报道说，当约翰走出来的时候，警察一直在挠头。警方没有就约翰的行为提起任何诉讼。

约翰·奎恩是个英雄。

在4年后的新泽西州，约翰·凯姆（John Keim）就没有这么幸运了。1964年，加利福利亚州的法律已经允许丈夫进入产房陪产了，但是新泽西州还不允许。当妻子准备生产第二个孩子的时候，约翰·凯姆拒绝离开产房。最终，约翰被警方逮捕，被控扰乱社会治安，罚款150美元。这些事情似乎发生在很久以前，但是直到20世纪80年代中期，除非男人与该女性结婚，否则他仍然不被允许进入产房陪产。

在今天的美国，91%的男人会选择在产房陪产，共同期待孩子的出生。这些男人是真正的英雄。他们像约翰·奎恩和约翰·凯姆一样，明白支持一个女人变成母亲有多重要。这对女人和孩子都很重要。如果你希望和这个女人共度一生，这对你也很重要。

通过主张男性在产房里的权利，约翰·奎恩和约翰·凯姆引发了一场"雪崩"。现在，男人"被迫"进入产房，和妻子一起，共同等待婴儿的出生。

这很重要。婴儿出生时在场，对于男人和两性关系有巨大的影响。研究显示，婴儿出生时在场的男人，当他们和妻子产生冲突时，会比其他男人对妻子更好一些。女人生产的天然力量令人敬畏。

在妻子怀孕生产的过程中，你对妻子的支持会对你们的关系和孩子的成长产生巨大的影响。这种影响会持续 5 年、10 年，甚至 20 年。你不需要真的用锁把你和妻子锁起来，但是你需要在情感上和妻子协调。这会带来巨大的不同。

是时候成长了

我们知道这很难。当你成为一个父亲时，你可能是第一次没有了足够的睡眠，并失去了自由。而且，你一直爱着的女人突然就爱上了另一个人。这个人一直哭，一直要被抱着，上厕所的习惯比你还糟糕。但她是如此深沉地爱着这个人，这份爱不会被任何事情破坏。这个人让女人变成了超人，并拥有了超人的直觉，还给了女人超人般的力量去履行守护和建立联结的职责。

女人在后代身上做了生物性投资，因此不可避免地要帮助孩子生存。自从混沌初开时，这一点就已经确定了。她会想方设法满足孩子的一切需要，保证孩子能生存下来，并茁壮成长。你要么理解她，要么就离开她。

就是这么简单。

幸运的是，如果这是你的孩子，或者是你爱上的人，你也会有同样的感受。

有些男人则会觉得，妻子生了孩子以后，自己就变得不再重要了，甚至就跟被遗弃了一样。他们会和孩子一起竞争伴侣的时间和注意力。男人通常不太愿意坦承自己的感受，但是他们的确会有这样的感受。

还记得依恋、爱的信息素和催产素吗？这些在控制男人的情绪方面很有效。每次，当你的伴侣抱住婴儿、依偎着婴儿、哺育婴儿、看着婴儿的眼睛、温柔地抚摸婴儿，甚至轻轻闻着婴儿的气味时，她的催产素水平都会上升。她和婴儿正在建立联结。这是人类这个物种生存繁衍的方式。

如果你因为她不再拥抱你、抚摸你，也不再着迷地闻你的头部而感到伤心，那么你要明白，这很常见，也是完全可以理解的。唯一的解决方案是，你也和婴儿建立起联结。因为她最需要的伴侣关系是，你可以和她共同抚养孩子长大。她会比以往任何时候都更加需要你，并且这个小宝贝也很需要你。

母亲星座

精神分析学家丹尼尔·斯特恩（Daniel Stern）认为，当女人怀孕时，她们会将身边的人组织成一支可以支持她、鼓励她的队伍，并且重新确认自己的人生新角色，那就是母亲。[1] 自我的概念会转向与孩子之间的联结以及孩子的安全和健康成长。斯特恩提出了"母亲星座"这样一个概念。当女人成为母亲时，她的星座就变成了母亲星座。这一时期可以长达数年。当孩子遇到危险的时候，女人的母性会再次被激发。作为父亲，你是这一星座的重要组成部分。母亲和父亲对孩子的成长都非常重要。

如果男人不能理解女人和孩子的关系，那么他就永远不能真正理解这个女人。无论这个孩子是不是你的，你都必须理解这种独特的关系。如果你无法理解母性是女人自我身份认同的一部分，也是她爱的一部分，那你就不能理解她的心。男人爱女人的一个重要方式就是，支持她成为一个母亲，爱护并养育她的孩子。

不可缺席的父亲

越来越多的男人在抚育孩子这件事上发挥了积极的作用。男人成了照料孩子的人，甚至变成主要的照料者，他们会和孩子一起待在家里。在过去的数十年里，这是很大的变化。当蕾切尔参加住院医师培训计划时，主要是她的丈夫在家照顾孩子。当年，很少有父亲愿意这样做。当男人推着婴儿车去操场的时候，母亲们也会好奇地抬起眉毛，怀疑这个陌生的男人到底在做什么。幸运的是，今天这再也不是问题了。

父亲养育孩子并不意味着他们要采用和女人一样的方式，进而变成"母亲先生"。长久以来，父亲们用自己独特的方法和孩子建立联结。这种方法也很重要。父亲养育孩子，有非常大的益处。

如果说有一件事是男人所擅长的，那一定是玩。男人和女人陪孩子玩耍的方法完全不同。父亲和孩子的玩耍更偏向于身体接触性质的，而母亲和孩子的玩耍则倾向于视觉性和语言性的。作家兼儿科医生贝利·布雷泽尔顿（T. Berry Brazelton）说过："母亲画画，父亲打拳。"父亲和孩子的玩耍是间歇性的。坦白地说，当男人想要玩的时候，他们会希望玩得有意思一些。如果他们发现这件事并没有意思，他们就会停下来，然后去找些新的乐子。

在爱情实验室里，我们录了许多视频。我们发现，如果母亲觉得一幅图画对孩子来说很重要，她们就会坚持向孩子展示同一幅图画。"这是长颈鹿，长颈鹿是动物园里最高的动物。"即使这个时候孩子爬走了，母亲依然会坚持展示这幅图画。比如说，一名母亲向 7 个月大的孩子展示长颈鹿的图画，并且问道："动物园里最高的动物是什么？"这时候，小婴儿爬走了。显然他并不在乎长颈鹿。母亲围着孩子转，并且再次问道："动物园里最高的动物是什么？"小婴儿又爬走了。母亲却毫无停止的意思。她一次又一次地试图向孩子展示长颈鹿的图画，即使孩子总是想要逃跑。母亲是一位耐心的教师。

相反，当发现婴儿没有兴趣时，父亲会立刻放弃这个游戏。如果他们发现婴儿在看着地上的一辆玩具火车，他们会立即发出火车的声音："'况且，况且'，呜呜呜。"孩子自然就被吸引住了。这时，父亲就变成了一辆火车，男人就和孩子一样了。他们并不是居高临下地和孩子玩耍。父亲的这种方式对婴儿的成长以及伴侣关系都有非常重要的作用。

　　研究显示，有 2/3 的两岁半婴儿都会选择与父亲而非母亲一起玩。只要孩子或父亲自己厌烦了，父亲就会再次换新的游戏。对孩子来说，这就像坐过山车一样。第一个游戏结束了，孩子通常会有点儿失望。这时，父亲会开始另一个全新的、更加刺激的游戏。在这个过程中，婴儿学会了自我调节，这对婴儿的成长非常重要。因此，虽然父亲的玩耍方式看起来是高速运转、极度活跃的，有时甚至看起来有点蠢，但是这种方式其实非常重要。母亲是孩子的老师，而父亲则是导游。婴儿既需要老师，也需要导游。

　　上百项研究都表明，父亲玩耍的方式对子女的智力成长和社会功能的发展都有积极的作用。没有人比新生儿的父亲更震惊于这一点的了。这就是我们认为母亲必须鼓励父亲参与到抚育新生儿的活动中的原因。即使是换尿布和给婴儿洗澡这样的日常活动，都有可能给父亲带来很多乐趣。对于一个小婴儿来说，没有什么比父亲或母亲的脸和声音更有吸引力的了。

　　研究表明，母亲会更加谨慎地照顾婴儿，而父亲则会给婴儿提供更多的自由，这有利于他们自己拓展兴趣。通常，父亲会鼓励小孩努力地攀爬攀爬架，而且爬得越高越好。父亲会选择站在小孩的上方，母亲则会选择徘徊在小孩的下方，这样万一小孩掉下来，她可以一把抓住。

　　斯坦福大学的心理学家罗伯特·希尔斯（Robert Sears）研究过 300 个

家庭，这些家庭都有 5 岁左右的小孩。26 年以后，研究人员理查德·克斯特纳（Richard Koestner）、卡罗尔·弗朗兹（Carol Franz）和乔尔·温伯格（Joel Weinberger）同样跟踪了这群小孩，并测量了他们的共情水平。他们回顾了这些人的数据，分析了哪些因素可以预测他们在 30 岁左右时的共情水平。最佳的预测因素是这些人在 5 岁的时候，其父亲介入小孩成长的程度。父亲介入小孩成长的程度越高，孩子长大以后的共情水平就越高。

在随后的跟踪研究中，弗朗兹、温伯格和来自哈佛大学的戴维·麦克莱兰（David McClelland）追踪了同期群组在 41 岁时候的状况。那些曾经在童年时期感受到更多父亲关爱的孩子，在中年时的社会关系，如婚姻、孩子和社会交往的表现上更为良好。[2]

正如我们之前所说，有上百项研究证实了，父亲的照料、陪伴以及共同玩耍对孩子来说非常重要。密歇根大学的儿童发展专家和教授诺尔玛·雷丁（Norma Radin）很早就研究了父亲对孩子智力和情绪发展的影响。她发现，与父亲互动更多的孩子，其语文测试成绩更高。[3]凯文·纽金特（Kevin Nugent）具有多年的研究经验，他和儿科医生布雷泽尔顿共同研究发现，通过在婴儿出生后的第一年父亲对婴儿的照料程度，可以预测婴儿的智商水平。父亲和孩子之间的玩耍，包括躲猫猫、抛球和弹跳等，有助于促进孩子的智力发展。[4]心理学家罗伯特·布兰查德（Robert Blanchard）和亨利·比勒（Henry Biller）研究了小学三年级的男性后进生。尽管他们有的来自工人阶级，有的来自中产阶级，但是他们的平均智力水平都相同，并且在孩子 5 岁的时候，他们的父亲都离开了家。而表现特别优异的孩子们，他们的父亲则一直都陪伴着他们成长。

即使在完整的家庭中，父亲也可能存在"缺席"的状况。父亲不仅人要在，心也要在。这对孩子的成长特别重要。比勒和布兰查德发现，那些在社会交往和学习成绩上存在双重障碍的孩子，他们的父亲通常都比较冷酷、专制、烦人，而且更喜欢贬低他人。[5] 如果父亲积极参与到抚育孩子的活动中，那么获益的不仅是孩子。作家罗萨琳德·巴奈特（Rosalind Barnett）和波士顿大学的新闻学教授卡里尔·里弗斯（Caryl Rivers）发现，当父亲的态度比较积极的时候，妻子会对自己的婚姻生活和子女的教育感到更加开心。他们也发现，当男人分担育儿任务的时候，他们自己也会在伴侣关系或者婚姻关系中感到更加开心。[6]

所以关键是，当你想要理解女人和孩子的时候，你必须理解自己作为丈夫的重要性。如果你更好地承担起父亲的责任，那么孩子会成长得更加开心和健康，你和伴侣的关系也会更加开心和健康。

别让男人从家庭生活中消失

我们谈了很多关于女人母性需要的事，作为男人，你应该在女人作为母亲的各个阶段，即从怀孕到孩子上大学的这一过程里提供理解与支持。然而，我们却很少谈论，处在一段关系中的男人在面对操持家务、成就事业、帮助照顾孩子以及满足伴侣的各种要求等需求之间会感到多么不知所措。

在无过错离婚之前，实际上很多男人就已经从家庭中消失了，他们放弃了自己原本应当承担的责任。他们放弃了家庭、妻子、孩子，他们以出去买包烟或者买瓶牛奶为借口，然后就再也不回来了。他们去哪里了？许多男人建立了新的身份，从头开始。他们觉得人生重新开始就好像按下重启键那么简单。

现如今，还是有很多男人会为家庭生活的种种需要而感到不知所措。处于伴侣关系中的每个人偶尔都会想要获得一个保释的机会，然后离开，并且按下重启键。这种感觉就叫"消耗殆尽"。约翰和朱莉在伴侣治疗中看到过很多这种已经被消耗殆尽的男人。

当孩子出生后，很多男人抱怨他们的生活开始变得不再有趣，性生活也不理想，生活也缺乏激情。他们抱怨，女人总是过多纠缠于日常生活中那些微不足道的细节，尤其当孩子出生后，他们的生活变成了一张永无尽头的待办事项清单。生活失去了浪漫、乐趣、激情和冒险。

家庭生活并不一定都是这样。男人是让家庭生活和爱情生活得以持续变得有趣和有挑战性的重要因素。孩子的出生确实会需要你贡献出更多的时间，但是你可以选择与之对抗，也可以选择挽起袖子，投入家庭生活这一场刺激的冒险旅程中。戈特曼以及其他很多男人都以自己能够充分地参与到养育孩子这一过程中而感到非常骄傲，并且他们也都从中获得了巨大的乐趣。这种乐趣是其他任何事情都比不了的。即使你获得了诺贝尔奖，抑或成功出售了一家资产数十亿的创业公司，这种成就与帮助孩子成长所带来的爱和满足相比，都是微不足道的。

真相是，父爱和母爱一样，都受到自然的人性驱使。之前我们就解释过，男人是伴侣关系成功或者失败的重要因素，他们同样也是幸福生活的重要因素。

The Man's Guide
to Women

好男人备忘录

🔑 如果你想要真正理解一个女人，那么你需要理解和支持她成为一个母亲。她的生理需要会自然地驱使她更多地和孩子建立紧密的联结，从而确保孩子的生存。这并不意味着她不再爱你，也不意味着你不再重要。

🔑 当女人成为母亲之后，她会比以往任何时刻都更加需要你。在这个转变时期，你的支持对你们关系的健康发展尤为重要。

🔑 男人在孩子的成长过程中扮演着十分重要的角色。父亲和孩子的玩耍，有助于孩子的智力发育，而且在成年后，孩子也会变得更容易有同情心，未来也更有可能获得快乐健康的伴侣关系。父亲很重要。

🔑 无论你是亲生父亲还是继父，对于孩子的健康成长而言都十分重要。

🔑 如果在新生儿出生后，你觉得自己被抛弃了，那你需要和你的伴侣好好谈谈。

🔑 你有责任确保家庭生活中的责任得到平等分配。你要把家庭生活当作一段伟大的旅程，一段会让你的伴侣关系更好发展的旅程。你可以成为家庭和伴侣关系中平等的一份子，你可以通过分担家庭责任，来维系伴侣关系中的浪漫、激情、乐趣和冒险，并且减少冲突。你要培养你的友谊，并且持续在情绪上和伴侣协调。

如果你这样做，你就是笨男人

🔒 当你的伴侣筋疲力尽，需要你帮助的时候，你不主动伸出援手或承担责任。

🔒 你想和婴儿或者孩子争夺伴侣的注意力。

🔒 你把自己排除在家庭生活之外，甚至逃离家庭生活。

🔒 你不和婴儿或者孩子玩耍。

🔒 你在家庭生活中缺席，无论是物理上还是情感上。

🔒 即使孩子出生后，你依然认为你是一切的中心。

🔒 你对你的伴侣和孩子不够友善和尊重。

🔒 当女人怀孕时或者生产后，你评价她的体重。

🔒 当你的伴侣和你分享作为母亲或孩子健康成长方面的一些担忧时，你不认真倾听。

🔒 在孩子出生后，当你觉得自己被冷落时，你不和伴侣沟通。

15

共度一生

一生一世的爱情

当你被爱情绊倒时，你很容易就重新站起来了。可是当
你坠入爱河时，你几乎再也没有可能重新站起来。

——阿尔伯特·爱因斯坦

阿尔伯特·爱因斯坦或许是世界上非常有智慧的人了，这个名字永远
和天才联系在一起。当他去世以后，他的大脑被切除并且被保存起来，这
样，神经学家就有可能发现他为什么会如此聪明。是的，爱因斯坦创立了
相对论。但是，当谈到如何和一个女人终身相守时，爱因斯坦却和其他大
多数男人一样，毫无头绪。1914 年，当爱因斯坦的婚姻走到尽头的时候，
他给妻子列了一份清单，列出了如果妻子想要继续和他在一起，需要遵守
的规则。[1]

1. 你需要保证：

（1）我的衣服需要摆放得井井有条，整洁干净。

（2）日常三餐必须规律地送到我的房间，我会在房间用餐。

（3）我的卧室和书房必须保持整洁，书桌仅供我个人使用。

2. 你需要放弃和我之间的一切个人关系，因为这些关系毫无社交必要。特别是，你需要放弃：

（1）我和你一起待在家里。

（2）我和你共同外出或者旅行。

3. 你需要遵守以下要点：

（1）你不能期望和我亲密相处，你也不能用任何亲密的方法接近我。

（2）如果我有要求，你必须停止和我说话。

（3）只要我提出需要，你必须立即离开我的卧室或者书房，不能提出异议。

4. 你不能在孩子面前用语言或者行动来贬低我。

不用多说，在收到这份清单几个月后，爱因斯坦的妻子就带着两个孩子离开了他，并且提出离婚申请。附带说一句，她也拿到了爱因斯坦所获得的全部诺贝尔奖奖金。

经历过邂逅、约会等一系列艰难的过程，你认定这个女人就是你此生的唯一，现在你面临的问题就是，你如何才能够确保她一辈子幸福？你如何才能够确保你们的关系不断成长、进步，并且在相遇 10 年之后还能像相遇 10 天之后那样充满激情？如何在 50 年之后仍然像你们相遇 5 个月之后那样？第一，你千万不要给她列一份像爱因斯坦那样的相处清单。第二，永远不要认为你自己已经了解了她的一切。你不能，你也不会。好男人和笨男人之间的区别就是，好男人总是对伴侣的内心世界保有好奇心，想要不停地探索她的希望、恐惧和梦想。

这一点如何强调都不为过。

永远不要停止和她约会；永远不要停止了解她；永远不要停止联络她。你要对她予以关注、时间和支持，并且时刻准备好在她有需要的时候提供帮助。你要倾听她的心声。这就是你和她建立信任的方式。对女人来说，倾听和万艾可一样重要。这样才能够让她在生理上和情绪上都感到很安全，这样你才能守住她的爱。

不要忘了，你也要准备和她分享你的内心世界。你要足够勇敢，要暴露出你脆弱的一面。你的伴侣关系是否长久完全取决于你。我们在一开始就说过，男人是一段关系成功或者失败的决定性因素。要成功，不要失败。

关于信任

很显然，信任对一段关系的健康发展十分重要。但是我们并不知道那到底有多重要。我们访问了来自全美不同经济状况、不同种族的伴侣，他们都反复提到了信任。不开心的伴侣会承认彼此之间失去了信任，他们无法在自己有需要的时候依赖对方。由于缺乏信任，伴侣之间会持续地产生情绪上的伤痕。这会给他们双方带来巨大的情感分歧，破坏他们的爱情和婚姻。

幸福的伴侣则认为，相互信任能让他们彼此感到安全，可以让他们展现脆弱的一面，并且加深对彼此的爱意，让他们的爱超越最初的激情。随着他们彼此的了解和爱意的不断加深，他们也能愈加亲密，性生活也会更加和谐美满。对于他们来说，彼此的信任能增加安全感，能使爱意和友谊不断加深。

即使没有事实上的出轨，怀疑和背叛仍然是每段关系失败的关键。即使有时候伴侣并没有意识到他们的问题在于彼此怀疑。怀疑和背叛不仅会破坏伴侣关系，也会造成生理上的致命后果。好消息是，增加彼此的信任不仅会改善你的爱情生活，也会改善你的健康状况。

如果你为了避免冲突，从而隐藏起部分的自我，以防止破坏目前的状况，那么你就很容易让你的伴侣关系陷入背叛。或许你认为，当一方有点儿沮丧的时候，什么都不说是解决问题最简单的方法。但是研究表明，当伴侣习惯性地避免冲突的时候，彼此之间在情感上会逐渐疏远，这也会为外遇提供机会。外遇可能是身体上的，但也可能是心理上的。如果你让你的伴侣整日感到孤独，最终她就会找别人来填补空虚。如果你不转向她，她就会转向别人。日复一日，你和伴侣的每一个互动，要么是在帮助你们建立信任和承诺，要么就是让你们彼此疏离，并最终导致背叛。想想看吧。

当她想和你谈心时，要么你选择转向她，认真倾听，感同身受；要么你选择打开电视，去看肥皂剧和广告。如果你不倾听她的痛苦，不让她依靠你，那么你就是在给你们的关系制造裂痕。日复一日，这些裂痕会越来越大，直到无法弥补，那么感情最终就会崩塌。背叛并不是突然发生的，而是一个长期而极其缓慢的过程。隐藏在背叛之后的是许多的秘密和未被表达的情感需要，以及无数被忽视的情感联结。如果你总是忽视你的伴侣，那么总有一天，当你转向她的时候，她已经离开了。

在某种程度上，本书可以被提炼成这样一个简单的公式：

好男人 ＞ 笨男人

好男人 = 转向他的伴侣

笨男人 = 逃离他的伴侣

真的就是这么简单。变换一下位置吧，爱因斯坦。

投入生命的最佳冒险

如果你希望对方不会出轨，那你就需要完全投入这段关系，并为之做出承诺。你不能简单地认为，你会比她做得更好，或者妄想当你需要时，世界上总有一个女人会无条件地爱你和崇拜你，并且对你毫无所求，而你可以对她召之即来挥之即去。这只是爱因斯坦的伴侣关系相对论。这个方法对爱因斯坦没用，显然对你也不会有用。

如果你想要和她在一起，成为她的英雄，且彼此之间充满爱与忠诚，那么你需要投入这段关系。以下是一些保证爱情长久的方法。

6秒钟的吻。每次你们分别时，无论你是准备去上班、买菜还是去健身房，都请你和伴侣吻别6秒钟。不是1秒钟，也不是2秒钟，而是6秒钟。如果你想要亲热2分钟，当然也可以，不过你要确保至少有6秒钟时间用来亲吻。同样，当你们再次见面时，也要亲吻6秒钟。每一次，都要亲吻6秒钟。当你们初次相识时，你会情不自禁地一直亲吻她，那么现在你也没有任何理由停下这样的吻。为什么是6秒钟？我们之前就说过了，6秒钟后，催产素会大量分泌，恐惧会减少，此时信任才会建立起来。

"是的，我知道你会永远爱我，可是永远有多远呢？"

© CartoonStock.com

和她约会。虽然你俩已经确定了关系，但是这并不意味着你不需要和她约会了。有一个建议你可能听过，而且它真的很有效，那就是你每周至少要规划一个属于你们的二人之夜。你要为这次约会做些准备，就像第一次约会一样。你要为此感到兴奋，还要安排去一些从来没有去过的地方，尝试新的活动，让浪漫成为她的一个习惯。要像你们刚刚认识时一样，你要追求她、诱惑她。你也可以从我们写的另外一本书《10次约会：对话带来一生挚爱》（*10 Dates: Conversations That Lead to a Lifetime of Love*）中学到让爱情保鲜的小技巧。

了解她。还记得当你们刚认识的时候，你们可以一直聊天，毫不厌倦。而且当听到对方的新消息时，你们总是很兴奋。现在你还是可以继续这样。你仍然可以从她那里学到很多新东西。永远不要停止探索她的内心世界。当你们交流的时候，你可以多问一些开放式的问题，这些问题很难用简单的"是"或"不是"来回答。如果她中了彩票大奖，你知道她准备干什么吗？她的梦想是什么？她现在生命中最重要的事情是什么？最重要的人是谁？她害怕什么？她最痛苦的事情是什么？这些对话有助于你们建立联结和信任，并且可以夯实你们之间的关系基础。

感谢她。每一天，你都要找到一些事情赞美她，并表达你的感谢。你要恭维她、感谢她、羡慕她，用你的语言和行动告诉她，你爱她，并且珍视她。告诉她，她很美丽。让她知道你对她充满渴望。为她做一些事情，这些事情不用太复杂，简单地洗个碗就可以表达你的感谢。这些积极的互动就好像是往银行里存钱。当你干了些蠢事的时候，要知道所有男人都有干蠢事的时候，她就更有可能原谅你。因为你在她的信用银行那里有很高的存款额度，那么她也就更有可能忽略你偶尔一次的投资失误。

尊重她的梦想。女人常常为了家庭或者伴侣关系放弃自己的梦想。在我们所生活的这个社会中，女人的梦想似乎不是那么重要，尤其是当女人的梦想与成为妻子或者母亲无关的时候。其实，每个人的梦想都同样重要。你的梦想很重要，她的梦想也很重要。研究显示，伴侣关系是否长久和幸福取决于伴侣之间是否支持彼此的人生目标。如果你不尊重另一半的梦想，不尽你所能地支持她的梦想，那么你会发现，她会变得抑郁、沮丧并充满挫败感。每个男人都想让自己的伴侣积极向上、热爱生活，并全力为自己的梦想而奋斗。如果你不知道她的梦想是什么，你要问。然后发挥愚公移山的精神，帮助她梦想成真。

我们在第 1 章中就说过，我们在爱情实验室里发现，女人对男人的常见抱怨有两种：（1）当我有需要时，他从来不能立即帮我解决问题；（2）彼此之间缺乏亲密和联结。没有什么比女人在伴侣关系中感到孤独来得糟糕的了。你不会想让你的爱人感到孤独，只要你对她多加关注，你就完全有办法阻止这一切发生。

生活很艰难。研究表明，当女人面对疾病、死亡或者其他创伤时，即使她们独身一人，但是只要她们始终珍视自己的生活梦想，她们就能很好地应对压力和极端状况。她们的生活梦想是应对极端压力、失望和挫折的力量源泉。如果女人了解和尊重自己最真切的希望、目标、追求和抱负，那么她们的生命就会变得更加充实和有创造性。但是，如果男人可以接受并且了解她们的梦想，女人就不必独自面对这一切了，她会感到自己被理解、被尊重和被爱。

只有让她感受到你的理解、尊重和爱，你们的关系和爱情才会长久。女人的爱、需要和接受，这难道不正是你想要的吗？从初次的尴尬见面和约会到共同生活，最终，男人想要知道的不就是如何才能好好爱一个女人，如何才能让这个女人也同样爱自己吗？

没错，你们的生理特征可能不同，你们的谈话风格也可能不同，你们的需求也会有所不同，但是不论男人和女人有多少不同之处，他们在一段伴侣关系中想要的一切都是一样的：他们都想要愉悦、亲密、尊重、理解，还有更好的性爱、更多的乐趣以及更少的冲突。

几十年来，性别角色已经变化太多。男人或许也会对如何达成这些目标感到困惑。他们是应当为女人提供保护和供养，还是应当提供鼓励和照料？他们是应当努力升职加薪，还是应当好好养育小孩？他们是应当有宽厚的肩膀可以让女人依靠，还是应当有敏锐的耳朵用来倾听？

简单来说就是，男人到底应该做什么？

最终，你能做的就是好好爱她、珍视她，尊重她与你的不同，向她学习。这本了解女人的指南，实际上也是写给男人的指南。当你处于一段充满爱和兴奋并能改变你人生的伴侣关系时，你就能够做最好的自己。要达到这些目标很有挑战性。有时你会感到很困惑，有时你会感到很受伤，而有时你又会觉得很治愈。关于女人的最大迷思在于，不要关注她们做了什么、为什么这样做，你要关注的是，为什么男人和女人在一起的时候，会有这样的感受。女人是男人同世界和生活的联结中心。

让我们坦诚面对吧，或许你会因不知道如何才能了解女人而痛苦挣扎。可是，了解女人，爱女人，恰恰是你生命中的最佳冒险。

致　谢

首先，我们需要感谢参与爱情实验室研究的所有人，感谢他们在学术研究和临床治疗过程中给我们分享他们的故事。我们非常荣幸，能够在此过程中听到许多女人从未吐露过的心声和男人从未听说过的秘密。研究为我们的心灵打开了一扇窗，让我们领略到了隐藏在一段伴侣关系之下的愉悦和不满。对于大家的信任和慷慨，我们表示衷心的感谢。

我们要感谢罗德尔出版社（Rodale）的团队，感谢他们的信任和支持。感谢杰夫·乔卡迪（Jeff Csatari）发掘了这本书，感谢利亚·米勒（Leah Miller）积极地支持本书的出版，感谢米勒的助理莫莉·托马斯（Mollie Thomas）。我们还要感谢同样来自罗德尔出版社的优秀成员，包括詹妮弗·莱维斯克（Jennifer Levesque）、玛丽·安·那不勒斯（Mary Ann Naples）、玛利亚·罗德尔（Maria Rodale）。优秀的组织一定有杰出的领导团队。罗德尔就是这样一个组织。他们给我们分享经验、热情。多年以来，我们的合作都非常愉快。

我们还要感谢来自戈特曼研究所（Gottman Institute）、桑塔·科鲁兹综合医疗中心（Santa Cruz Integrative Medicine Center）和理想建筑（Idea Architects）的优秀团队。他们用关怀、创意和善良给予我们极大的支持。我们需要特别感谢我们的文学创意合作伙伴劳拉·洛夫·哈丁（Lara Love Hardin）。没有她作家一般的智慧和出乎意料的幽默感，我们不可能完成这本书。劳拉拥有神奇的力量，可以将研究、思维、建议和故事编织得既有趣又有创意。我们非常荣幸她能够作为我们的智囊团和写作团队，也珍惜她与我们之间的这份友谊。有了她的非凡智慧，你们才有可能看到这本书。

最终，我们想要感谢我们的孩子莫利亚·戈特曼（Moriah Gottman）和杰西（Jesse）、凯拉（Kayla）、艾利安那·卡尔顿·艾布拉姆斯（Eliana Carlton Abrams）。希望本书可以帮助到你和你的后代，帮助你们找到解锁真爱秘密的钥匙。我们爱你们。你们是我们一切工作的灵感。

01　女人究竟要什么

1. National Fatherhood Initiative, "Statistics on the Father Absence Crisis in America," accessed June 1, 2015, fatherhood.org/media/consequences-of-father-absence-statistics.

2. Helen Fisher, PhD, "How to Build Intimacy In Your Relationship," October 2009, oprah.com/relationships/Building-Intimacy-Gender-Differences-in-Intimacy.

02　女人独特的思维

1. G. Miller, J. M. Tybur, and B. D. Jordan, "Ovulatory cycle effects on tip earnings by lap dancers: Economic evidence for human estrus?" *Evolution & Human Behavior* 28, no. 6 (November 1, 2007): 375–81.

2. Loren McCarter and Robert W. Levenson, "Sex differences in physiolog-

ical reactivity to the acoustic startle" (lecture, presented at Society for Psycho-physiological Research Thirty-Eighth Annual Meeting, Hyatt Regency Denver, Colorado, September 23–27, 1998).

3. J. A. Coan, H. S. Schaefer, and R. J. Davidson, "Lending a hand: social regulation of the neural response to threat," *Psychological Science* 17, no. 12 (December 2006): 1032–9.

03　男士魅力法则

1. J. Djordjevic, A. M. Toma, A. I. Zhurov, and S. Richmond, "Three-dimensional quantification of facial symmetry in adolescents using laser surface scanning," *European Journal of Orthodontics* 36, no. 2 (April 27, 2014): 125–32.

2. L. A. Renninger, T. J. Wade, K. Grammer, "Getting that female glance: Patterns and consequences of male nonverbal behavior in courtship contexts," *Evolution & Human Behavior* 25, no. 6 (November 2004): 416–31.

3. D. Archer, "The effects of timing of self-disclosure on attraction and reciprocity," *Journal of Personality and Social Psychology* 38 (1980): 120–30.

4. M. J. Rantala, et al., "Evidence for the stress-linked immunocompetence handicap hypothesis in humans," *Nature Communications* vol. 3, no. 694 (February 21, 2012): 10.1038/ncomms1696.

04　成功约会守则

1. J. Kellerman, J. Lewis, and J. D. Laird, "Looking and loving: The effects

of mutual gaze on feelings of romantic love," *Journal of Research in Personality* 23, no. 2 (June 1989): 145–61. voiceresearch.org/publications

2. Ibid.

3. http://voiceresearch.org/publications.

4. Y. Xu, A. Lee, W-L. Wu, X. Liu, and P. Birkholz, "Human vocal attractiveness as signaled by body size projection," *PLoS ONE* 8, no. 4 (2013): e62397.

5. N. Guéguen, "Courtship compliance: The effect of touch on women's behavior," *Social Influence* 2, no. 2 (2007): 81–97.

6. R. D. Clark III and E. Hatfield, "Gender differences in receptivity to sexual offers," *Journal of Psychology & Human Sexuality* 2, no. 1 (1989): 39–55.

7. M. Voracek, A. Hofhansl, and M. L. Fisher, "Clark and Hatfield's evidence of women's low receptivity to male strangers' sexual offers revisited," *Psychological Reports* 97, no. 1 (August 2005): 11–20.

05　吸引的科学原理

1. Ivanka Savic, Hans Berglund, and Per Lindström, "Brain response to putative pheromones in homosexual men," *Proceedings of the National Academy of Sciences* 102, no. 20 (May 17, 2005): 7356–61.

2. Y. Martins, et al., "Preference for human body odors is influenced by gender and sexual orientation," *Psychological Science* 16 (2005): 694–701.

3. Christine Fisher, Karina Hamaouche, and Kendall Sauer, "Consistency of first kiss recall among couples: Evidence of collaborative recollection," (presenta-

tion, 23rd Annual Psychological Science Convention, Washington, DC, May 27, 2011: Sponsored by Butler University, Faculty Sponsor by John Bohannon).

4. S. M. Hughes, M. A. Harrison, and G. G. Galllup, Jr., "Sex differences in romantic kissing among college students: An evolutionary perspective," *Evolutionary Psychology* 5 (2007): 612–31.

06   看清对方的真心

1. T. Baumgartner, et al., "Oxytocin shapes the neural circuitry of trust and trust adaptation in humans," *Neuron* 58, no. 4 (May 22, 2008): 639–50.

2. Jeffry A. Simpson, W. Andrew Collins, and Jessica E. Salvatore, "The impact of early interpersonal experience on adult romantic relationship functioning: Recent findings from the Minnesota longitudinal study of risk and adaptation," *Current Directions in Psychological Science* 20, no. 6 (December 2011): 355–59.

07   想象就是一切

1. Joni Johnstone, *Appearance Obsession: Learning to Love the Way You Look* (New York: Health Communications, 1994).

08   奇妙的女性身体

1. E. Chack and A. Ellis, "Here's What Happens When You Ask a Bunch of Adults to Label Male and Female Reproductive Systems," BuzzFeed, March 10, 2014, buzzfeed.com/erinchack/heres-what-happens-when-you-ask-a-bunch-of-

adults-to-label-m#.vxX3PIJBa.

09　变成她最棒的伴侣

1. E. Sandra Byers and Larry Heinlein, "Predicting initiations and refusals of sexual activities in married and cohabiting heterosexual couples," *The Journal of Sex Research* 26, no. 2 (May 1989): 210–31.

2. *Chrisanna Northrup, Pepper Schwartz, and James Witte, The Normal Bar: The Surprising Secrets of Happy Couples and What They Reveal About Creating a New Normal in Your Relationship (New York: Harmony, 2013).*

10　学着像女孩一样争吵

1. James R. Averill, "Studies on anger and aggression: Implications for theories of emotion," *American Psychologist* 38, no. 11 (November 1983): 1145–60.

2. S. P. Thomas, "Women's anger, aggression, and violence," *Health Care for Women International* 26, no. 6 (2005): 504–22.

11　为什么买一双鞋要花这么长时间

1. T. Heermann, "4 Gender Differences in Marketing Approach," Market It Write, September 9, 2012, marketitwrite.com/blog/2010/02/4-gender-differences-in-marketing-approach/.

2. O. N. Nelson, "Effect of gender on customer loyalty: A relationship marketing approach," *Marketing Intelligence & Planning* 24, no. 1 (2006): 48–61.

3. M. DeLacey, "Trying to Impress a Man? Steer Clear of the Sales," *Daily Mail*, July 5, 2013, dailymail.co.uk/femail/article-2356781/Men-bored-just-26-MINUTES-shopping--women-2-hours.xhtml.

4. P. M. Bentler and Michael D. Newcomb, "Longitudinal study of marital success and failure," *Journal of Consulting and Clinical Psychology* 46, no. 5 (September 1978): 1053-70.

12　永远的好朋友

1. C. H. Kroenke, et al., "Social networks, social support, and survival after breast cancer diagnosis," *Journal of Clinical Oncology* 24, no. 7 (March 1, 2006): 1105-11.

2. L. F. Berkman and S. L. Syme, "Social networks, host resistance, and mortality: A nine-year follow-up study of alameda county residents," *American Journal of Epidemiology* 109, no. 2 (1979): 186-204.

3. R. Dunbar, *Grooming, Gossip, and the Evolution of Language* (Cambridge, MA: Harvard University Press, 1996).

4. R. W. Wrangham, "An ecological model of female-bonded primate groups," *Behaviour* 75 (1980): 262-300.

5. S. E. Taylor, et al., "Biobehavioral responses to stress in females: Tend-and-befriend, not fight-or-flight," *Psychological Review* 107, no. 3 (July 2000): 411-29.

6. Lois M. Verbrugge, "Marital status and health," *Journal of Marriage and*

the Family 41, no. 2 (1979): 278.

7. M. Komarovsky, *Blue-Collar Marriage* (New Haven, CT: Yale University Press, 1987).

13　她是不是你的唯一

1. P. Blumstein and P. Schwartz, *American Couples* (New York: William Morrow & Co. 1999).

2. Grace M. Egelanda, Aage Tverdala, Haakon E. Meyera, and Randi Selmera, "A man's heart and a wife's education: A 12-year coronary heart disease mortality follow-up in Norwegian men," *International Journal of Epidemiology* 31, no. 4 (2002): 799–805.

3. *Linda Waite, The Case for Marriage: Why Married People are Happier, Healthier and Better Off Financially (New York: Broadway Books, 2001).*

4. J. S. House, K. R. Landis, and D. Umberson, "Social relationships and health," *Science* 241 (July 29, 1988): 540–45.

14　天生的母亲

1. Daniel Stern, MD, *The Motherhood Constellation* (London: Basic Books, 1995).

2. Carol E. Franz, David C. McClelland, and Joel Weinberger, "Childhood antecedents of conventional social accomplishment in midlife adults: A 36-year prospective study," *Journal of Personality and Social Psychology* 60, no. 4 (April

1991): 586-95.

3. E. Williams and N. Radin, "Effects of father participation in child rearing," *American Journal of Orthopsychiatry* 69, no. 3 (July 1999): 328-36, http://faculty. mwsu.edu/psychology/dave.carlston/Writing%20in%20Psychology/Fathering/4/ williams.pdf.

4. J. K. Nugent, "Cultural and psychological influences on the father's role in infant development," *Journal of Marriage and the Family* 53, (1991): 475-585.

5. *Henry B. Biller, Fathers and Families: Paternal Factors in Child Development (Santa Barbara, CA: Praeger, 1993).*

6. *R. C. Barnett and C. Rivers, She Works/He Works: How Two-Income Families Are Happier, Healthier and Better Off (Cambridge, MA: Harvard University Press, 1998).*

15 共度一生

1. Walter Isaacson, *Einstein: His Life and Universe* (New York: Simon & Schuster, 2007).

戈特曼教授的这本书语言考究、风趣，不但男性应该看，其内容对女性来说也很重要。

我是与 7 个姐妹一同长大的，本以为自己对女性已经非常了解了，可是看完这本书，我发现戈特曼写得极为详细。

这本书从社会心理学的角度论述了女性之所以为女性的原因，更让我懂得女性会同时从异性和同性那里获取对亲密关系需求的满足。从人类文明诞生开始，女性就担负起了采集食物和照顾小孩的重任。在男性赞美自己保卫家庭抵御入侵者时，事实上，女性才是家庭存在的守护者，给家庭带来凝聚力与情感的关爱。女性天生就对安全感、信任感、亲密关系和爱十分敏感。

男性真的需要意识到，自己对女性性爱前的需求有多么缺乏了解。相较而言，女性更需要温柔和爱，而男性性器官只占女性性需求很小的一部分，只有当男性意识到了这一点，他们才能和伴侣一起实现无压力的性生活。

　　这本书也让我们了解到，很多女性之所以会被其他女性排斥，正是因为她的美丽，以及女性到底会失落、沮丧到何等程度，并且当女性为关系亲密的男性所伤时，这种失落与沮丧又会加剧到何等程度。

陈俊雄

临床心理学家

未来，属于终身学习者

我们正在亲历前所未有的变革——互联网改变了信息传递的方式，指数级技术快速发展并颠覆商业世界，人工智能正在侵占越来越多的人类领地。

面对这些变化，我们需要问自己：未来需要什么样的人才？

答案是，成为终身学习者。终身学习意味着具备全面的知识结构、强大的逻辑思考能力和敏锐的感知力。这是一套能够在不断变化中随时重建、更新认知体系的能力。阅读，无疑是帮助我们整合这些能力的最佳途径。

在充满不确定性的时代，答案并不总是简单地出现在书本之中。"读万卷书"不仅要亲自阅读、广泛阅读，也需要我们深入探索好书的内部世界，让知识不再局限于书本之中。

湛庐阅读 App: 与最聪明的人共同进化

我们现在推出全新的湛庐阅读 App，它将成为您在书本之外，践行终身学习的场所。

- 不用考虑"读什么"。这里汇集了湛庐所有纸质书、电子书、有声书和各种阅读服务。

- 可以学习"怎么读"。我们提供包括课程、精读班和讲书在内的全方位阅读解决方案。

- 谁来领读？您能最先了解到作者、译者、专家等大咖的前沿洞见，他们是高质量思想的源泉。

- 与谁共读？您将加入优秀的读者和终身学习者的行列，他们对阅读和学习具有持久的热情和源源不断的动力。

在湛庐阅读 App 首页，编辑为您精选了经典书目和优质音视频内容，每天早、中、晚更新，满足您不间断的阅读需求。

【特别专题】【主题书单】【人物特写】等原创专栏，提供专业、深度的解读和选书参考，回应社会议题，是您了解湛庐近千位重要作者思想的独家渠道。

在每本图书的详情页，您将通过深度导读栏目【专家视点】【深度访谈】和【书评】读懂、读透一本好书。

通过这个不设限的学习平台，您在任何时间、任何地点都能获得有价值的思想，并通过阅读实现终身学习。我们邀您共建一个与最聪明的人共同进化的社区，使其成为先进思想交汇的聚集地，这正是我们的使命和价值所在。

CHEERS

湛庐阅读 App
使用指南

读什么
- 纸质书
- 电子书
- 有声书

怎么读
- 课程
- 精读班
- 讲书
- 测一测
- 参考文献
- 图片资料

与谁共读
- 主题书单
- 特别专题
- 人物特写
- 日更专栏
- 编辑推荐

谁来领读
- 专家视点
- 深度访谈
- 书评
- 精彩视频

HERE COMES EVERYBODY

下载湛庐阅读 App
一站获取阅读服务

著作权合同登记号　图字：11-2023-282

The Man's Guide to Women by John Gottman, PhD, Julie Schwartz Gottman, PhD, Douglas Abrams, and Rachel Abrams, MD.

Copyright © 2016 by John Gottman, PhD, Julie Schwartz Gottman, PhD, Douglas Abrams, and Rachel Abrams, MD.

Published by arrangement with RODALE INC., Emmaus, PA, U.S.A

All rights reserved.

图书在版编目（CIP）数据

爱的沟通 /（美）约翰·戈特曼等著；冷爱译 . —
杭州：浙江科学技术出版社，2023.9
ISBN 978-7-5739-0751-6

Ⅰ . ①爱… Ⅱ . ①约… ②冷… Ⅲ . ①恋爱心理学—
通俗读物 Ⅳ . ① C913.1-49

中国国家版本馆 CIP 数据核字（2023）第 138729 号

书　　名	爱的沟通		
著　　者	[美]约翰·戈特曼	[美]朱莉·施瓦茨·戈特曼	
	[美]杜格拉·阿伯哈	[美]蕾切尔·阿伯哈	
译　　者	冷　爱		

出版发行　浙江科学技术出版社
地址：杭州市体育场路 347 号　邮政编码：310006
办公室电话：0571-85176593
销售部电话：0571-85062597
E-mail:zkpress@zkpress.com

印　　刷　唐山富达印务有限公司

开　　本	710mm×965mm　1/16	印　　张	16.5
字　　数	210 000	插　　页	1
版　　次	2023 年 9 月第 1 版	印　　次	2023 年 9 月第 1 次印刷
书　　号	ISBN 978-7-5739-0751-6	定　　价	109.90 元

责任编辑　余春亚		**责任美编**　金　晖	
责任校对　赵　艳		**责任印务**　田　文	